U0038323

禪思與禪詩

——吟詠在禪詩的密林裡

楊惠南 著

東大圖書公司

國家圖書館出版品預行編目資料

禪思與禪詩：吟詠在禪詩的密林裡／楊惠南著.－－二版二刷.－－臺北市：東大，2019
面；　公分

ISBN 978-957-19-3144-9 (平裝)

224.513　　106007403

© 禪思與禪詩
——吟詠在禪詩的密林裡

著作人	楊惠南
發行人	劉仲傑
著作財產權人	東大圖書股份有限公司
發行所	東大圖書股份有限公司
	地址　臺北市復興北路386號
	電話　(02)25006600
	郵撥帳號　0107175-0
門市部	(復北店) 臺北市復興北路386號
	(重南店) 臺北市重慶南路一段61號
出版日期	初版一刷　1999年1月
	二版一刷　2017年11月
	二版二刷　2019年2月
編號	E 220560

行政院新聞局登記證局版臺業字第〇一九七號
有著作權・不准侵害
ISBN 978-957-19-3144-9 (平裝)

http://www.sanmin.com.tw 三民網路書店
※本書如有缺頁、破損或裝訂錯誤，請寄回本公司更換。

自序

一

從未受過正式教育，卻因為生意的關係，父親學會了看報紙、讀古書。記憶裡，家中客廳有一個小書櫥，裡面擺滿了《三國演義》、《羅通掃北》、《水滸傳》、《三字經》和《千字文》這類古書；它們大都是遠在上海船頭行做生意的大哥，買回來送給父親的禮物。

初秋夜，珍珠粉般大小的樹蘭花，落了一地，混雜著剛收刈的稻草味，散發出陣陣幽香。幾隻螢火蟲，孤伶伶，有氣無力地越過短牆，又飛回院子裡來。姑婆祖卸下了三寸小腳上，那雙高跟布鞋。布鞋繡著五色戲水鴛鴦，水花四濺，彷佛可以聽到牠們嘎嘎的叫聲。姑婆祖又卸下繡著花鳥的頭套，白髮長長，長長長長，一如月光下，掛在曬衣架上，那兩條隨風飄搖的裹腳布。白髮似水，流過頸子，流過雙肩，流過微駝的後背。啊！那是一幕無聲的瀑布！

剛忙完家事呢！母親和兄嫂，一邊搖著蒲扇，一邊圍繞在姑婆祖身邊談笑。客廳裡，父親打開了書櫥，拿出一本《尺牘》，教我從封面右上角的第一個字開始念起：「人生必讀，男女通用……。」

其實，那不過是兩句普普通通的廣告詞罷了；對我來說，卻別具意義！那是威嚴中帶著智慧之光的父親，一邊吟著《千家詩》，一邊教我的「課外讀物」。「雲淡風輕近午天……。」父親用他低沉、帶著海口腔的「漢音」，半唱半白地吟著《千家詩》裡的詩句；我則依照吩咐，反覆朗誦著：「人生必讀，男女通用……。」

番仔火油燈下，神龕上那枝紅珊瑚，散放著閃閃亮光；那隻一向受我寵愛的小花貓，發出呼嚕呼嚕的聲音，酣睡在竹床上。「雲淡風輕近午天，傍花隨柳過前川……」我全然無法體會《千家詩》裡高超深邃的意境；那青澀的年齡，喜愛的，只是百摺千疊的詩韻，以及父親低沉堅實的吟詠聲。那吟詠聲，和著我稚氣未消的朗誦聲，迴盪在土角厝內的屋樑上，總是讓我悸動不已！四、五十年了，每當憶起童年往事，就憶起父親所吟詠的第一首《千家詩》：「雲淡風輕近午天，傍花隨柳過前川；時人不識余心樂，將謂偷閒學少年！」

一向愛面子的父親，曾炫耀說：「少年時，我不但可以從頭到尾，暗念《千家詩》

裡的每一首詩；而且，柑仔店頭家娘鳳仔，也是我教她暗念的！」父親從不曾教我背誦《千家詩》；但是，愛上詩詞，也許正是《千家詩》的童年記憶吧！

二

悶熱的午後，同樣的客廳，同樣的小書櫥，我卻翻出不同的一本書；那是五姊讀初中時的《國文》課本。

我發現裡面的內容，和我的《國文》課本完全不同。長大後才知道，大我四歲，曾念兩年日本公學校（小學）的五姊，在她上初中時，國民政府的政治勢力，還沒有來得及深入臺灣教育界。當時，並沒有「部定」（教育部修定）教科書。

五姊的《國文》課本裡，除了收有胡適〈差不多先生傳〉這類批判中國民族性的文章之外，還收有謝冰心、劉大白等滯留「匪區」的三〇年代作家的白話散文和新詩。那是我第一次讀到這些大陸作家的詩作。

是受到他們影響吧？我開始胡亂塗鴉，在作文課裡，嘗試寫白話詩。「打倒俄寇，反共產，反共產！消滅朱、毛，殺漢奸，殺漢奸！……」收音機裡，反共抗俄的歌聲，打從一牆之隔的福利社，若隱若現地傳入教室裡來。國文老師總是出一些反共八股的作文題目，我卻往往在作文簿上，寫起新詩來！然後，在下課前半個鐘頭，把作文簿，瑟瑟地交到講臺。國文老師翹著大腿，斜坐在高腳椅上，總是不經心地望了望教室外那欉五顏六色的雞冠花，總是慢條斯理地打開我的作文簿，然後點燃長嘴煙斗。煙斗裡，香氣四溢！他從不讚美我的詩作，也從不責備我的「離題」。每次，我都有點失望，卻也常帶著一份感激之情！

上了大學，古詩詞仍然是我的最愛。成功嶺受訓、步兵學校受訓，教官在講臺上講得口沫橫飛，我則用鋼筆，學柳公權字帖裡的一板一眼，抄寫唐、宋詩詞。輪到晚上站衛兵，則望著閃爍不定的明星，孤獨地背誦李後主的情詩，以及他那充滿了亡國之恨的詞句。另一方面，余光中深情款款的〈蓮的聯想〉、周夢蝶深富禪機的〈孤峰頂上〉、鄭愁予「達達馬蹄」的美麗〈錯誤〉，還有瘂弦〈乞丐〉中對中國北方貧窮人家的同情；這些，都曾深深感動我這年輕學子的心！而但丁的《神曲》、紀德的《地糧》、雪萊和華茲華斯的情詩，以及印度詩人泰戈爾洋溢著印度教情懷的《新月集》，也曾在我生命的年輪上，劃出深深的刻痕。我也嘗試寫一些不成熟的詩作，發表在臺灣大學的《大學新聞》，以及講求本土意識和用詞淺白、意象明確的《笠》詩刊上。

幾十年了，無緣成為詩人，卻從不曾改變對於詩，那份癡情的愛！《人間詞話》

的作者王國維，曾說：青年時期喜愛宋詞對於情感的直接描繪，壯年之後則喜愛唐詩的婉約。二、三十年前，當我還是一個涉世不深的青年時，曾被王國維的詩評深深吸引。而今，垂垂老矣！卻真心喜愛起禪詩來了！

《人間詞話》曾說：「古今之成大事業、大學問者，必經過三種之境界。」首先是：「昨夜西風凋碧樹，獨上高樓，望盡天涯路。」（晏殊〈蝶戀花〉）其次，「衣帶漸寬終不悔，為伊消得人憔悴。」（柳永〈鳳棲梧〉）而第三境界則是：「眾裡尋他千百度，回頭驀見，那人正在燈火闌珊處。」（辛棄疾〈青玉案〉）王國維的三境界，畢竟是描寫那些「古今之成大事業、大學問者」，對於像我這樣的凡夫俗子，顯然並不適用。

宋朝詩人蔣捷，曾作有〈虞美人〉一詞，深刻描繪了人生的三個階段；也許，這才是芸芸眾生的一生吧！他說：

少年聽雨歌樓上，紅燭昏羅帳。
壯年聽雨客舟中，江闊雲低，斷雁叫西風。
而今聽雨僧廬下，鬢已星星也！

悲歡離合總無情，一任階前，點滴到天明！

從不曾聽雨歌樓上，從不曾聽雨客舟中；卻偶而聽雨僧廬下！不是因為看盡無情世間的悲歡離合，而是因為真心愛上禪詩！

真心愛上禪詩，幾十年了！但真正把它介紹給別人，則是最近的事。七、八年前，《國文天地》雜誌社，邀我為讀者們開講「禪史與禪思」的課程，後來，又開講了有關「禪詩」的課程。今年初，則在臺灣大學的「通識教育」裡，開講「禪思與禪詩」的課程。而今，佛教衛星電視臺所設立的曉光佛學院，也邀我把課程的內容，錄影播放。就這樣，漸漸和禪詩結下盤根錯節的不解之緣！

禪詩，有宋詞的直接，也有唐詩的婉約；卻超乎直接和婉約之上。直接，是直接闡述機鋒；婉約，則婉約表達悟心。二者目的，都不在宣洩世間情意，而在直指人人本有，卻迷失了的禪心。有些禪詩，假借風景、人物的描寫，傳授更深一層的禪機。有些禪詩，樸拙得不堪入目，卻禪意十足。禪詩活像脫韁野馬，時而親切綿密，時而狂風驟雨，不能以一般詩詞的規格來看待。啊！脫韁野馬般的禪詩，必須以脫韁野馬般的心情和氣概才能欣賞！

本書所收錄的禪詩，和坊間出版的相關作品，有著極大的不同。坊間出版的禪詩，大抵是歷代（特別是唐宋）詩人、詞家的作品，並不是禪師們的作品。他們收錄的標準，是從禪的「意境」，來論詩、論詞；所論之詩詞，其實不是禪詩，而是一般文人的作品。

真正的禪詩，應該符合下面三個條件：首先，它們必須是禪師們所作；其次，它們必須是和禪的修證有關；第三，它們必須是從禪宗的典籍當中所轉錄出來。本書收錄的禪詩，大體遵循這三個條件。例如，就第三個條件來說，本書所收錄的禪詩，都是從《指月錄》、《續指月錄》、《碧巖錄》、《虛堂集》、《禪林類聚》、《宗鑑法林》、《徑石滴乳集》等禪籍所轉錄出來。

另外，坊間出版的禪詩集子，大抵是從純文學的欣賞角度來選錄，與禪的思想無關。本書卻從禪的思想出發，歸納出禪思的幾個主要面向，然後依照這幾個面向，再去尋找合適的禪詩歸類。因此，每一類所收錄到的禪詩，不管是在數量上，或在品質上，都有很大差距。少數幾首，甚至拙劣不堪，對某些人來說，也許並不合乎「欣賞」的價值標準。

然而，日本近代思想家——九松真一，在《禪與美術》一書當中，曾說到禪宗藝術的幾個重要的特色：不均齊、簡素、枯高、自然、幽玄、脫俗、寂靜。也許，只有從這樣的標準來看待禪詩，才能夠欣賞這些看似拙劣，卻深富啟發性的詩歌吧！

詞牌、調性、韻腳、對仗這些原理和技巧，對我來說，相當陌生。《文心雕龍》、《詩品》或《滄浪詩話》，這類古典文學理論作品中的哲理，也深深困擾著我。我甚至懷疑，「平平仄仄平」，或「卜算子」、「木蘭花」這些學院裡的名詞，對於判斷詩詞的優劣，是否具有實質意義？事實上，禪詩往往不遵守這些傳統詩詞所設下的框架。禪詩所要闡述的，不是外表的形式，而是內在深邃的思想和體證。因此，我可以拋掉這些傳統的束縛，自在地記錄下「禪思與禪詩」這個課程的內容，讓更多無緣聽到這個課程的讀者，也能分享我對禪詩這份真心的喜愛！

楊惠南

序於臺灣大學哲學系

一九九八年　立春日

禪思與禪詩

——吟詠在禪詩的密林裡

目次

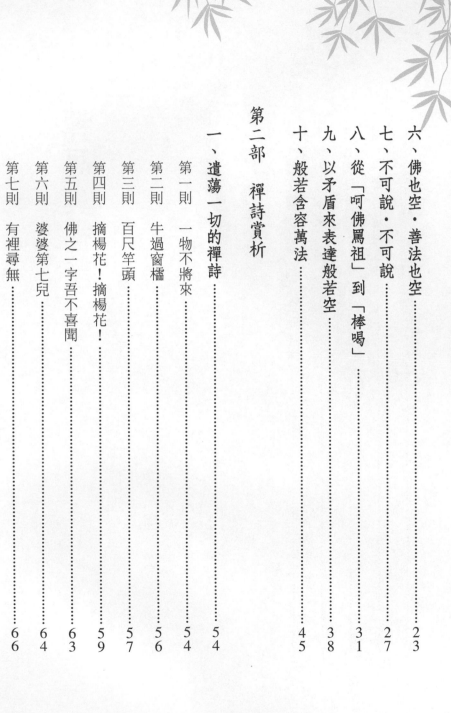

二、闡述「不可說」的禪詩……78

三、闡述「棒喝」的禪詩……107

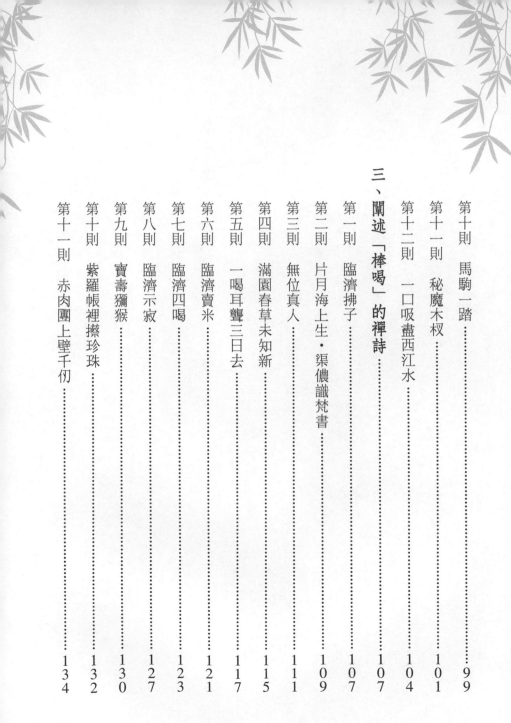

四、闡述「眾生皆有佛性」的禪詩……139

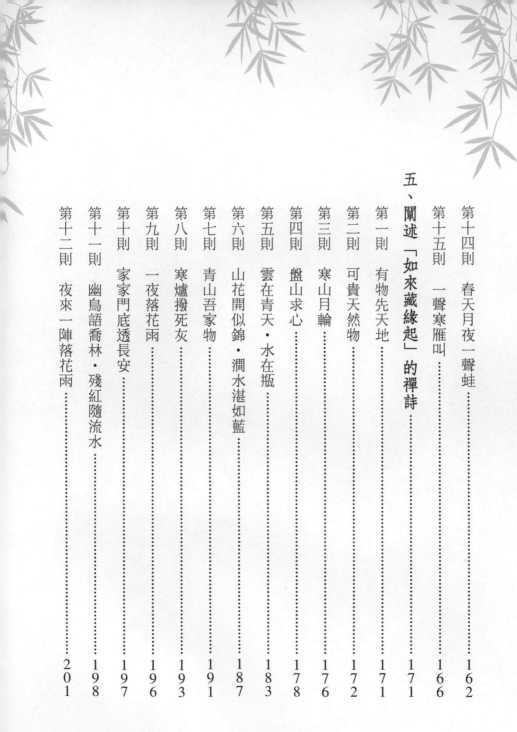

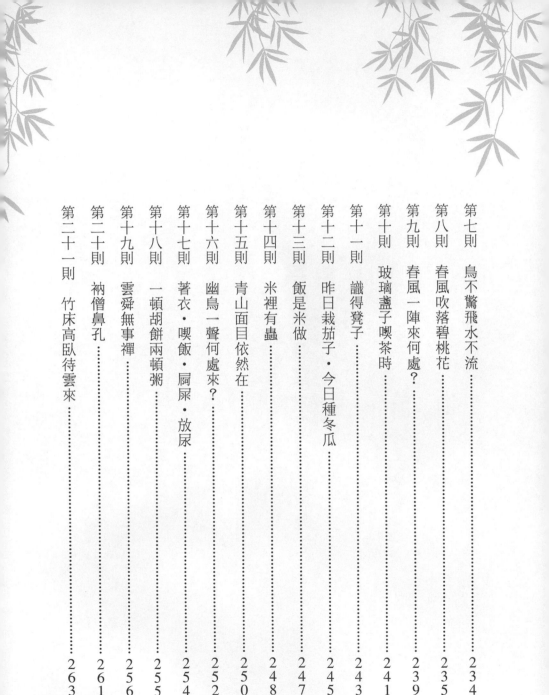

第一部 佛性與般若

一、從《楞伽經》到《金剛經》

禪宗初祖菩提達磨祖師，迢迢千里，從印度來到中國的河南嵩山少林寺，面壁九年，修習禪法。

一天，來了一個名叫神光的中年人，向達磨祖師請求安心。達磨教給神光安心法門之後，為神光取了一個法號——慧可。後來，慧可還繼承了達磨祖師的衣鉢，成了禪宗的第二代祖師。

慧可之所以能夠繼承達磨的衣鉢，是經過達磨嚴格挑選，然後脫穎而出的。當達磨祖師年事已高的時候，就向弟子們說：「徒弟們！是我該回印度老家的時候了！現在，你們把學習禪法的心得，一個個向我報告！」

當師兄弟們，個個頭頭是道地報告了習禪的心得之後，慧可走到達磨祖師面前，虔誠地禮拜，一句話也不說，又回到原來的座位上去。達磨欣慰地說：「慧可呀！你已經得到我的禪法精髓！」達磨緊接著又說：「現在，我把四卷本《楞伽經》傳授給你！這是我從印度帶來的寶貴佛經。」

達磨傳授給慧可的禪法，名叫「正法眼藏」；那是釋迦牟尼佛輾轉付託下來的禪法。它無形無相，不是任何語言所能表達，也非任何經典所能解說；因此稱為「不立文字，教外別傳」。

達磨對慧可說：「現在，我已經把正法眼藏付託給你了！你是禪宗的第二代祖師，希望你把正法眼藏好好地付託下去！」

多年後，二祖慧可又把禪法傳給三祖僧璨；僧璨傳給四祖道信；而道信則傳給五祖弘忍。他們所傳授的正法眼藏，都以達磨祖師帶來的四卷本《楞伽經》作為依據。這依據，就是所謂的「心印」；那是以心印心，心心相印的意思。

五祖弘忍則把正法眼藏傳給六祖惠能。這回，弘忍改用《金剛經》，作為傳授正法眼藏的心印。《六祖壇經．行由品》曾詳細描寫弘忍傳法的經過：

一日，弘忍向弟子們說：「我年事已高，想要找個繼承禪法的人。你們各寫心得，交來給我。寫得最好的，我就把達磨祖師傳授下來的禪法和衣鉢，傳授給他！」

神秀是弘忍的大弟子，跟弘忍習禪多年，但卻尚未大徹大悟。他深更半夜，趁師兄弟們入睡時，偷偷把心得寫在寺裡一面牆壁上：

身是菩提樹，心如明鏡臺；
時時勤拂拭，勿使惹塵埃！

這是一首四句的詩偈，大意是：我們的身體就像一棵覺悟的菩提樹，清淨無穢；我們的內心就如一面明亮的鏡子，閃爍著智慧光明。我們應該時時刻刻，勤奮地修行，把心上的煩惱斷除掉；就像勤奮地擦拭明鏡上的灰塵一樣！

惠能不識字，在寺裡是個地位低賤的打雜工人。當他聽到有人大聲朗誦神秀所寫的這首詩偈時，他也詠出了一首四句偈，並且請人把它寫在另一面牆壁上：

菩提本無樹，明鏡亦非臺；
本來無一物，何處惹塵埃！

惠能的詩偈，比起神秀的詩偈，多了幾分空靈。佛法講的是「一切皆空」；覺悟之樹——菩提樹是空，光明的鏡子——明鏡臺也是空。像菩提樹一樣的身體、像明鏡臺一樣的心靈，當然也是空！身心皆空，怎麼可能惹來塵埃（煩惱）呢！

弘忍看了兩個徒弟所作的兩首詩偈之後，先把神秀找來，對他說：「你還沒有體悟最高的禪法，再繼續參學吧！」然後，又到惠能工作的地方，看到惠能正在春米，就讚嘆說：「啊！修道的人，都應該像你一樣勤勞呀！」

弘忍深富玄旨地問惠能：「米春好了沒有？」惠能顯然也能心領意會，他回答說：「米早就春好了，現在只欠篩子罷了！」

篩子是把春好的米和稻殼等雜物分開的農家器具。春米是得到精純好米的第一步；緊接著的第二步，要用篩子把沒有用的稻殼和雜物篩掉。這樣，才能得到精純的好米。就像勤奮修行，是解脫成佛的第一步；而明師指點，教你如何修行，則是緊接著的第二步。因此，春米是弟子的勤奮；而篩子，則象徵明師的指點。惠能說：「米早就春好了，現在只欠篩子！」意思顯然是：我早就準備好了，只等師父親身指點、傳授了！

於是，弘忍用他手上的拐杖，輕輕敲打春米用的石臼三下，暗示惠能：三更時分，到方丈室去，接受禪法！

寺裡三更的鼓聲剛剛打響，惠能就已進入弘忍的方丈室。弘忍用袈裟圍住窗戶，不讓室內的燈光洩漏出去；為的是避免寺僧的注意和誤會。弘忍漏夜為惠能解說《金剛經》的祕旨。

當解說到「應無所住而生其心」這句經文時，惠能大徹大悟。他開口說：「沒想到萬物離不開自己的本性！沒想到自己的本性本來清淨！沒想到自己的本性不生不滅！沒想到自己的本性圓滿具足！沒想到自己的本性能生萬物！」

從以上這些說明看來，六祖惠能之後的禪法，不但含有四卷本《楞伽經》的內容，也含有《金剛經》裡的祕旨。

二、人人本來是佛

四卷本《楞伽經》，全名叫做《楞伽阿跋多羅寶經》；由於經文共有四卷，因此稱為「四卷本《楞伽經》」。這部佛經，南北朝時代的西域高僧——求那跋陀羅，曾把它譯成中文。達磨既然說他的四卷本《楞伽經》，是從印度帶來的，那應該是尚未譯成中文的印度梵文原本。

四卷本《楞伽經》的主要內容是「如來藏」。經裡說到人人都有一顆含藏著如來的心，稱為「如來藏」（如來的胎藏）；在其他經典裡面，有時也稱為「佛性」。

這顆如來藏心，和釋迦如來的佛心沒有兩樣，也是本性光明清淨。就這點來說，每一個人，哪怕是一個智商不高的白癡，或是一個殺人不眨眼的罪犯，也都和釋迦如來一樣，本來是佛！

六祖惠能初次拜見五祖弘忍時，弘忍問他：「什麼地方人？」惠能答：「嶺南新州（廣東新興）人。」弘忍說：「來這裡作什麼？」惠能答：「想求作佛！」弘忍說：「嶺南人是獦獠（短嘴狗），怎麼能夠作佛！」惠能答：「人雖有南北的不同，佛性難道也有南北的不同嗎？」

惠能顯然以為，人人都有一顆本性光明清淨的佛性——如來藏心；這顆佛性如來藏之心，沒有南北的差異，也沒有貧賤、富貴的不同。

然而，不知道什麼時候開始，也不知道什麼原因，這顆佛性如來藏心，卻被煩惱所覆蓋。就像十五日的明月，被濃密的烏雲所遮蔽一樣，喪失了光明清淨的本來面目。害得我們墮入輪迴當中，無法超脫。所以，和四卷本《楞伽經》具有相同意趣的《大方等如來藏經》，即有這樣的四句偈（詩）：

佛觀眾生類，悉有如來藏；
無量煩惱覆，猶如穢花纏！

但是，只要我們透過禪修，把覆蓋在它上面的煩惱斷除掉，我們這顆光明清淨的佛性如來藏心，就會恢復它清淨光明的本來面目。這時，我們就成佛了！因此，《大方等如來藏經》又說：

我以佛眼觀，眾生類如是；
煩惱淤泥中，皆有如來性。
授以金剛慧，搥破煩惱膜；
開發如來藏，如真金顯現！

而前文，神秀禪師的四句偈——「身是菩提樹，心如明鏡臺；時時勤拂拭，勿使惹塵埃！」不也是在闡釋四卷本《楞伽經》的佛性如來藏心嗎？

另外，下面這則禪門故事（公案），也把「人人本來是佛」的佛性奧旨，生動活潑地表現在師父和徒弟的對話當中：

有一天，百丈懷海禪師問他的徒弟——黃檗希運禪師：「從哪裡來？」黃檗答：「剛從大雄山下採香菇回來。」百丈又問：「見到大雄山的大蟲嗎？」黃檗一句話也不說，只是裝作猛虎撲羊的姿態，吼叫了一聲。百丈見了，拿出一把斧頭，作出砍殺猛虎的樣子。而黃檗卻在百丈的臉上，摑了一掌。百丈被徒弟摑了一掌，不但不生氣，反而笑咪咪，走回方丈室去。

不久，當全寺的禪僧齊聚在禪堂時，百丈說：「大雄山下有一隻大蟲，大家一定要小心！剛剛我才被牠咬了一口！」（見《指月錄》卷一〇）

大雄，釋迦佛的尊稱之一。而大蟲，則是解脫者釋迦佛的象徵。解脫者就像一頭猛虎，威凜凜地，一切煩惱，一切邪魔外道，都屈服在牠面前。黃檗的虎狀虎聲，顯示自己本來是佛。百丈的砍勢，以及上禪堂時所說的話，都在讚美黃檗，讚美黃檗已經體悟「本來是佛」的奧旨。四卷本《楞伽經》裡的「佛性」思想，在這則禪門小故事裡，展露無遺！

三、觸目會道

除了人人有顆佛性如來藏心、人人本來是佛這樣的思想之外，四卷本《楞伽經》還說：宇宙中的山河大地、花草樹木等萬事萬物，都是這顆本性光明清淨的如來藏心所幻生的。

這就像我們夜裡做夢，夢到了山山水水，乃至親朋好友或凶神惡煞一樣；山山水水、親朋好友、凶神惡煞，全都是夢心所幻生。

佛典當中，把這樣的思想稱為「如來藏緣起」；意思是：宇宙中的一切事物，都是以如來藏作為「緣」（條件），然後才生起的。

既然萬事萬物，都是佛性如來藏心所生，那麼，萬事萬物必然和佛性如來藏心一樣，具有美善而光明清淨的本質。哪怕是最骯髒的垃圾、大便，也都是本性光明清淨的美善事物！

禪師們往往在言行中，流露出體悟「如來藏緣起」的自在。六祖惠能聆聽五祖弘忍講解《金剛經》，因而大徹大悟，之後說了幾句話。而最後一句是：「沒想到自己的本性能生萬物！」惠能的這句話，不正是「如來藏緣起」的最佳顯露嗎？而下面這則故事更把「如來藏緣起」的思想，生動地表現出來：

有一天，石霜慶諸禪師在方丈室裡。一個徒弟從方丈室的窗邊走過，知道石霜正在裡面，於是隔著緊閉的窗子，大聲問：「師父！我們之間只有咫尺之隔，為什麼我卻看不到您呢？」石霜在方丈室內回答：「偏界不曾藏！」

徒弟不明瞭石霜師父的話，於是把師父的話，拿去請教雪峰禪師。雪峰說：「你師父的意思是：『什麼地方不是石霜！』」

徒弟又把雪峰的話，拿來告訴石霜師父；石霜聽了，抱怨說：「這老傢伙！怎麼這麼死急！」

石霜的抱怨又傳入了雪峰的耳裡，雪峰說：「老衲罪過！老衲罪過！」（見《指月錄》卷一五）

當徒弟隔著窗，問「為什麼看不見師父？」的時候，石霜回答說：「偏界不曾藏！」界，種類或範圍的意思。在這裡，指的是欲界、色界和無色界等三界。

原來，佛經把整個宇宙分為三個範圍，稱為三界。欲界，是男女欲望特別強盛的那些眾生，例如人類、畜生等。色界，是物質（色）享受特別豐富的那些眾生，例如天神們。而無色界，則是指那些已經脫離物質束縛的眾生。

石霜所謂的「徧界不曾藏」，意思是：在欲界、色界、無色界這整個三界宇宙當中，我從來就不曾把自己藏起來過，你怎麼說看不到我呢？而雪峰說：「什麼地方不是石霜！」不正和石霜的意思相同嗎？

至於石霜大喊「死急」、雪峰承認「罪過」，一方面說明兩人的說法相同；二方面則顯示，兩位禪師之間，自在交談的解脫風範！

「徧界不曾藏！」「什麼地方不是石霜！」的確，在「如來藏緣起」的道理之下，一花一草、一石一木，不但是石霜（佛性）的表露，也是你我（佛性）的彰顯。我們從外在的三界，吸入氧氣，到身體裡；我們從身體裡，吐出二氧化碳，歸還給外在的三界。

我們看到的鬱鬱青山，彷彿是在身心之外，與我們有什麼相干？但是映入眼簾的青山，不是往往沉澱在我們的心靈深處，發酵成悲傷和喜悅嗎？反過來，沉澱在心靈深處的鬱鬱青山，不也往往透過藝術家或建築師的巧思，化成有形的外物嗎？有時，它化成傳自遠處的歌聲；有時，它化腐朽為神奇的藝術品；有時，它化成林園裡充滿生命氣息的欄楯和小亭；有時，它則化成高聳入雲的摩天大樓！

眼睛和鼻子是這樣，耳朵、舌頭、身體和心意所接觸到的三界外物，又何嘗不是如此！我們還能說，三界中的外在事物，不是佛性如來藏心的一部分嗎？

四卷本《楞伽經》說：眼、耳、鼻、舌、身、意所接觸到的萬類，都是佛性如來藏心的一部分。而禪師們則說：「觸目會道！」說法不同，意思卻一樣。

道，最高禪理的意思。在「如來藏緣起」的理論之下，眼、耳、鼻、舌、身、意所接觸到的萬事萬物，哪一樣不是如來藏心的顯露？哪一樣不是最高的禪理——道？而在萬事萬物當中體會大道，就叫做「觸目會道」，或叫做「觸類是道」（接觸到的萬類都是真理——「道」）、「觸目菩提」（眼睛接觸到的都是覺悟——「菩提」）。也只有「觸目會道」或「觸類是道」、「觸目菩提」，才能解脫自在。

石頭希遷禪師是「觸目會道」的首倡者。他在一篇名叫〈參同契〉的證道歌裡，這樣說：「觸目不會道，運足焉知路！」（見《指月錄》卷五）石頭禪師的意思顯然是：一個修行人，如果不能學習「觸目會道」的工夫，那麼，他又怎麼去走那條修行的漫漫長路呢！而《指月錄》卷二〇，則記載了下面這則闡述「觸目會道」的故事：

有個禪僧請教雪峰禪師：「如何才能做到『觸目不會道，運足焉知路』？」雪峰答：「蒼天！蒼天！」

禪僧聽了不懂，又把同樣的問題，拿去請教雲門文偃禪師。雲門答：「三斤麻，一疋布！」

禪僧說：「我還是不懂！」雲門又說：「既然不懂，就再奉上三尺竹吧！」

其實，雙目所見無非是道；「蒼天！蒼天！」的喊叫聲無非是道；三斤麻、一疋布、三尺竹，又何嘗不是道！

古印度有個老婆婆，和釋迦佛同年同月同日生，卻怎麼都不肯和釋迦佛見面。一日，釋迦佛親自來到老婆婆的住處，輕敲大門。老婆婆開門一見，發現是釋迦佛，趕緊又把大門關了起來。

但是不知什麼原因，自從瞥見釋迦佛的身影之後，老婆婆左看右看，總是看到釋迦佛光明慈祥的笑容！不得已，老婆婆只好伸出雙手，掩住眼睛，試著不讓無所不在的釋迦佛的影子映入眼簾。然而，當她伸出雙手掩住眼睛時，卻發現雙手十指上，也全都是釋迦佛的影子！

石室輝禪師，為了這則「老姥見佛」的故事，曾經詠出下面的四句詩：

平生不願佛相逢，十指尖頭現紺容；
夾路桃華風雨後，馬蹄何處避殘紅！

（見《續指月錄》卷五）

什麼地方不是釋迦佛的神通顯現？什麼東西不是佛性如來藏心的彰顯？什麼事物不是光明清淨的美善事物？既是「觸目會道」，那麼，道就在左顧右盼當中，就在掩住眼睛的雙手十指當中，就在花草樹木、牆壁瓦石當中。當然，也在風雨和桃花當中！

啊！一陣無情風雨的吹打之後，馬路兩旁的嫣紅桃花，飄落滿地。此時，即使具有上乘技術的騎士，也無法避免胯下駿馬踩到鋪滿地面的落花呀！為什麼？因為，「觸目會道」！

四、平常心是道

從萬物皆美善的「觸目會道」或「觸類是道」、「觸目菩提」，一個必然的結論是：「平常心是道」。行、住、坐、臥，吃飯、睡覺，屙屎、拉尿，這些都是極為平常的事物。而所謂的「道」，就在這些平常的事物當中，因為「觸目會道」！因為「如來藏緣起」——一切事物都是佛性如來藏心的顯露！

因為「觸目會道」，因為「觸類是道」、「觸目菩提」，因為「如來藏緣起」，因此，「道」不在談玄說妙當中，不在眼不能見、耳不能聽、鼻不能嗅、舌無法嚐、身無法觸、意無法想的虛幻事物之上。「道」在平常日用當中，以平常心，看待平常事物，不做作、不刻意，就是修道！

「平常心是道」的首倡者——馬祖道一禪師，就曾這麼說：「道不用修，但莫污染。……若欲直會其道，平常心是道。」而所謂「平常心」，馬祖道一解釋說：「何謂

平常心？無造作，無取捨，無斷常，無凡聖。……只如今行、住、坐、臥，應機接物，盡是道！」（見《指月錄》卷五）

雲居曉舜，想必是一位已經體悟「平常心是道」的禪師。有一天，他向徒弟們說：「有些人盡會弄蛇頭、撥虎尾、跳大海、劍刃裡藏身。而我這裡只知道，寒天熱水洗腳，夜間脫襪睡覺，早晨起來穿鞋。萬一碰到風吹籬倒，那就叫人把籬笆扶起來！」（見《指月錄》卷二四）

而天衣子清禪師，也曾在友人來訪時，向弟子們半吟半白地說：

「颯颯涼風景，同人訪寂寥；煮茶山下水，燒鼎洞中樵！」古人將常住物，作自己人情。天衣則不然！「供佛嬾拈華，延賓不煮茶；莫嫌無禮數，冷淡是僧家！」（見《續指月錄》卷五）

天衣禪師總共吟了兩首詩，第一首批評古人招待來訪客人的方式；第二首則描寫自己招待客人的方式。天衣禪師批評古人，不以「平常心」招待訪客；而是大費周章地下山取水，採用隱居洞中樵夫砍下的木材烹煮茶水，還把寺裡珍貴的鼎，拿來當茶壺，做人情，招待來訪的客人。

天衣以為，一個真正的出家人應該是：懶得拈花供佛，也不煮茶招待訪客！他說：不要以為這樣就沒有禮數；因為，平平常常、冷冷淡淡，才是僧家應有的生活！

五、《金剛經》裡的般若空

《金剛經》是六祖惠能後的禪門「心印」。《金剛經》，全名《金剛般若波羅蜜經》，是由南北朝時代的西域高僧——鳩摩羅什，把它譯成中文。它是眾多《般若經》當中，最有名的一部。其他有名的《般若經》，還有簡稱為《心經》的《般若波羅蜜多心經》，它是唐朝的玄奘大師所翻譯的。另外，同樣是鳩摩羅什所譯的《摩訶般若波羅蜜經》，或稱《大品般若經》，也是有名的《般若經》之一。

《金剛般若波羅蜜經》的中心思想是什麼呢？顧名思義，就知道是「般若波羅蜜」。「般若」，譯為智慧；而「波羅蜜」（或波羅蜜多），雖然譯為「到彼岸」，但實際的意思則是圓滿無缺。

人間的苦難，我們想要超脫；解脫的幸福，我們衷心嚮往。但是，苦難人間的「此岸」，和快樂解脫的「彼岸」之間，總是隔著一條波濤洶湧的巨河，必須有過人的膽識和智慧，才能駕著船筏，從「此岸」安全登上「彼岸」。這種過人的膽識和智慧，就叫「般若波羅蜜」。

什麼樣的膽識和智慧，才稱得上是「般若波羅蜜」呢？那是體悟一切事物都是空幻不實的智慧。一個體悟「空」的修行人，稱為「菩提薩埵」，簡稱「菩薩」。菩提，覺悟的意思；薩埵，譯為有情，但也有勇心、大心的意思。因此，體悟「空」的菩薩，乃是一個具有過人毅力和勇氣，而又自己覺悟，也願意幫助別人覺悟的修行者。

為什麼體悟「空」，就能成為勇心、大心、自覺、覺他的菩薩呢？因為一個體悟「空」，連生命都可放下的聖者，無所罣礙，也無所恐懼。《般若心經》即說：「菩提薩埵，依般若波羅蜜多故，心無罣礙；無罣礙故，無有恐怖。」而《摩訶般若波羅蜜經》卷二也說：「菩薩摩訶薩，行般若波羅蜜，於諸法無所見。是時，不驚、不畏、不怖，心亦不沒、不悔。」可見，在般若空的體悟下，確實可以顯發大無畏的精神。

南北朝的僧肇法師，被譽為「中土解空第一」，意思是：他是中國最能了解般若空的高僧。但他犯了國法，最後被殺。臨刑時，吟了一首詩，這首四句詩，充分表露般若空的大無畏精神：

四大元無主，五陰本來空；

將頭就白刃，猶似斬春風！

（見《指月錄》卷七）

詩中，把組成我們身心的地、水、火、風等「四大」，以及色（物質）、受（情緒）、想（思維）、行（意志）、識（認識）等「五陰」，視為「無主」（沒有主宰者），視為「空」。在四大無主、五陰本空的體悟之下，自然能夠從容赴刑，而詠出「將頭就白刃，猶似斬春風」的名句！可見，般若空確實具有大無畏、無所罣礙的精神。

六、佛也空・善法也空

修習般若空，必須徹底放下一切。錢財、名聲、生命固然要空掉，自己修習的法門、所追尋的佛道，這些「善法」也必須空掉。所以《金剛經》說：「所言善法者，如來說非善法，是名善法。」甚至連般若空，也必須放下；《金剛經》又說：「佛說般若波羅蜜，則非般若波羅蜜！」

把這種「善法」也必須空掉的般若精神，發揮到淋漓盡致的，是神鼎諲禪師的一首四句詩。這首四句詩，則是批評居遁證空禪師的一首詩偈。現在，讓我們先看看居遁證空禪師的詩偈：

學道如鑽火，逢烟未可休；
直待金星現，歸家始到頭！

神鼎諲禪師讀到這首詩偈之後，作了下面的一首詩偈，批評證空禪師對於修道的執著：

學道如鑽火，逢烟便可休；
莫待金星現，燒額又燒頭！
（見《指月錄》卷一八）

另外，佛陀美妙的身形和音聲，也是最讓人空不掉、放不下的。這是為什麼會有「觀像念佛」法門的原因。然而，《金剛經》裡，釋迦佛不是告誡我們嗎？「若以色見我，以音聲求我，是人行邪道，不能見如來！」而下面這則「丹霞燒佛」的禪門「公案」，則是把抽象的經文，化為實際意義的最佳例子：

丹霞天然禪師來到慧林寺，正好遇上了寒流。於是把寺院裡的一尊木佛，拿來燒了取暖。

寺院的院主見他正在焚燒木佛，大聲呵斥：「怎麼可以把我的佛像燒了！」丹霞用一支杖子，撥著餘灰，慢條斯理地說：「我要把它燒出舍利子來呀！」院主說：「那是木頭佛，又不是真佛，怎麼可能燒出舍利子呢！」丹霞說：「既然不是真佛，燒不出舍利子，那就再拿一尊來燒吧！」

院主一聽，眉毛和鬍鬚都掉光了！

「不是真佛，就再拿一尊來燒！」院主聽了，眉鬚都掉光了！這真是一則難以參透的「公案」！

有個禪僧，問雲峰禪師：「丹霞燒佛的意旨是什麼？」雲峰說：「橫三豎四！」禪僧又問：「院主為什麼眉鬚墮落？」雲峰說：「七通八達！」

許多信佛的人都說：「佛在心中！」但千萬不要讓心中佛，成了橫三豎四的障礙！當燒掉了橫三豎四的佛之後，不但頭臉上的眉鬚掉得乾乾淨淨，連內心也七通八達了！

當文殊道禪師讀到「丹霞燒佛」這則公案時，有感而發地詠出了下面的這首詩歌：

彭祖八百乞延壽，秦皇登位便求仙；
昨夜天津橋上過，石崇猶自送窮船！
（見《指月錄》卷九）

許多修道的人，放下了世間的錢財、聲名和性命，卻放不下所信仰的佛陀。他們像極了彭祖、秦始皇和石崇！

彭祖活了八百歲，卻到處去求長壽法門；秦始皇統一天下，還派人去求神仙之術；而富甲天下的石崇，則站在天津橋上，看著一艘滿載寶物的船，大喊：「窮呀！窮呀！」

其實，我們的身體是一座金碧輝煌的佛堂，佛堂裡早就端坐著一尊天真古佛！我們早就像彭祖一樣的長壽，早就像秦始皇一樣的有權有勢，早就像石崇一樣的富甲天下！我們早就應該心滿意足。心中有佛，一個不小心，就會變成橫三豎四的修行障礙了；更何況是心外的佛像！哪怕它不是泥塑木雕，而是金造玉製的，畢竟都不是真佛！

七、不可說・不可說

佛陀可以成為「橫三豎四」的修行障礙；佛陀所宣說的法門，又何嘗不是這樣！《金剛經》裡曾有一段經文，記載釋迦佛和須菩提之間的問答。這段問答正是說明修行法門的不可執著。

問答中的主角——須菩提，是釋迦佛的十大弟子之一，被譽為「解空第一」。許多闡揚「空」的《般若經》，都以他作為主角。這段問答是這樣的：

（釋迦佛問：）「須菩提！於意云何？如來有所說法不？」

須菩提白佛言：「世尊！如來無所說！」

在這段經文之後，又有一段相同意趣的經文，記載釋迦佛對須菩提的告誡：

（釋迦佛說：）「……須菩提！汝勿謂如來作是念：『我當有所說法。』莫作是念，何以故？若人言如來有所說法，即為謗佛，不能解我所說故。須菩提！說法者，無法可說，是名說法。」

其實，「不可說」是般若空的必然結論；因為一個「空」的東西，說它什麼都不對。烏龜的毛是空的、不存在的，你能說它是黑色的嗎？能說它是灰色或咖啡色的嗎？能說它很長或很細嗎？同樣的情形，患了不孕症的女人——石女，一定沒有兒子——「石女兒」；既然沒有石女兒，你能說石女兒是英俊的嗎？能說石女兒是醜陋的嗎？都不能，因為石女兒是空！

把《般若經》這種「不可說、不可說」的抽象道理，加以具體化的，是「拈花微笑」的公案：

釋迦在靈山上說法，大梵天王方廣從大梵天採了一朵名叫「妙法蓮金光明大婆羅」的金色蓮花，來到人間的靈山上，把花獻給了釋迦。釋迦拈起這朵金色蓮花，一語不發地看著座下的徒眾。成千上萬的徒眾，都無法理解釋迦拈花的意旨；只有大弟子迦葉尊者，體會釋迦的意旨，破顏微笑。

於是，釋迦說：「我已經把不立文字、教外別傳的禪法——正法眼藏，付囑給迦葉尊者了！」（見《大梵天王問佛決疑經．拈華品》）

對於這則有名的禪門公案，肯堂彥充禪師，在禪堂上，曾向他的弟子們說：「世尊不說說，迦葉不聞聞！」然後，把他手上的拄杖，往地上一豎，吟了下面的這兩句詩：

水流黃葉來何處？
牛帶寒鴉過遠村！
（見《續指月錄》卷二）

彥充禪師的意思顯然是：釋迦牟尼只拈花卻不說法，但實際上卻說了「正法眼藏」；而迦葉尊者只微笑卻不聽聞佛法，而實際上卻聽聞了「正法眼藏」！

在這「不說（而）說」、「不聞（而）聞」當中，說的是什麼？聞的是什麼？答案當然是「正法眼藏」。而彥充禪師的回答則是：充滿整個山河大地，充滿整個宇宙的「正法眼藏」，不正流露在隨著潺潺溪水而漂流的黃葉上嗎？不正流露在那隻背上佇立著寒鴉，悠閒無憂地走過遠村的水牛上嗎？

不說，而說了許多；不聞，而聞得法喜充滿！這是《般若經》裡「不可說、不可說」的奧祕。也許，這就是《摩訶般若波羅蜜經》卷一七，所謂「諸法實相不可說，而佛以方便力故說」的真義吧！

八、從「呵佛罵祖」到「棒喝」

受到《金剛經》一切皆空，連佛也空，乃至諸法實相不可說的影響，後世禪師常表現在「呵佛罵祖」，乃至凡是有所不空，有所言說，就打罵的「棒喝」禪風之上。下面是幾個呵佛罵祖的例子：

臨濟義玄禪師，曾對他的弟子們，這樣開示：「逢佛殺佛！逢祖殺祖！逢羅漢殺羅漢！逢父母殺父母！逢親眷殺親眷！始得解脫，不與物拘，透脫自在！」（見《指月錄》卷一四）

德山宣鑑禪師，則以相同的方式，呵佛罵祖：「達磨是老臊胡！十地菩薩（階位最高的菩薩）是擔糞漢！……十二分教（佛經）是鬼神簿、拭瘡膿紙！……佛是乾屎橛（乾了的大便塊）！」（見《指月錄》卷一五）

而當雲門文偃禪師，被問到「什麼是佛？」的時候，他的回答同樣是：「乾屎橛！」佛鑑懃禪師讀到這則「乾屎橛」公案時，作了這樣的一首詩，讚嘆它：

稽首金容乾屎橛，應物現形如水月；
香臭皆從佛口生，凡聖從來同一舌！
（見《禪林類聚》卷二）

佛鑑禪師的意思是：即便佛是最下賤污穢的乾屎橛，但是，佛卻像天上的明月一樣，雖然只有一輪，卻應化無邊，既可映現在江河大海裡，又可映現在溝渠深井中！香也好，臭也罷，凡夫和聖人，不也全都是佛陀的顯化嗎？

佛鑑禪師的這首四句詩，不在呵佛罵祖，卻含有多分四卷本《楞伽經》的「如來藏緣起」哲思。這再次說明，六祖惠能之後，禪門已將宣說佛性如來藏心的四卷本《楞伽經》，以及闡揚般若空的《金剛經》，融合為一了！

傳說釋迦牟尼剛誕生時，在地上走了七步，步步生蓮。然後，一手指天，一手指地，尊貴而自信地說：「天上、天下，唯我獨尊！」

雲門文偃禪師，讀到這則故事之後，呵斥說：「我當時若見，一棒打殺，給狗子吃！好圖個天下太平！」（見《指月錄》卷一）這是雲門文偃禪師的呵佛罵祖。

「拈花微笑」，是一則美麗而又深富哲理的公案。當無門慧開禪師，讀到這則公案時，這樣評論：

黃面瞿曇（釋迦俗名），傍若無人，壓良為賤！懸羊頭，賣狗肉！將謂多少奇特！只如當時大眾都笑，正法眼藏作麼生傳（怎麼傳授）？設使迦葉不笑，正法眼藏又作麼生傳？若道正法眼藏有傳授，黃面老子誑謼閭閻（釋迦欺騙眾人）！若道無傳授，為什麼獨許迦葉？

無門禪師如此這般地呵佛罵祖之後，還覺得不過癮，又作了下面的這首詩，繼續呵佛罵祖一番：

拈起花來，尾巴已露；
迦葉破顏，人天罔措！
（見《無門關》）

在文學史上，這樣嘻笑怒罵，灑脫自在，卻深富哲理的散文和詩歌，畢竟少見。在般若空的智慧觀照之下，禪師心中，哪怕是至極尊貴的佛祖，也都掃蕩一空！

其次，在「一切皆空」，以及「不可說」的般若思想之下，發展出「棒喝」的禪風。其中，德山宣鑑禪師的「道得也三十棒，道不得也三十棒」，恐怕是最典型的一則：

德山禪師有一次在禪堂上，向弟子們說：「說得出來的也三十棒，說不出來的也三十棒！」

臨濟義玄禪師知道這件事情之後，就向洛浦說：「你到德山禪師那裡，問他：『為什麼道得也三十棒？』他一定會打你一棒。等他打你一棒時，你就接住他的棒子，看他有什麼反應？」

洛浦依照臨濟的吩咐，來到德山這裡，問：「為什麼說得出來的也三十棒？」德山一聽，果然不出臨濟所料，劈頭便打。洛浦則依照臨濟的吩咐，接住了棒子。於是，德山不再棒打洛浦，一語不發，回到他的方丈室去。

洛浦把整個經過向臨濟報告。臨濟說：「我從來就懷疑這傢伙！雖然這樣，你還懂得德山的意思嗎？」（見《指月錄》卷一五）

在般若空的哲思之下，宇宙真理，所謂「諸法實相」，不可說、不可說。但是，如果體悟了「諸法實相」的佛菩薩們不說，我們這些迷惑眾生，必定繼續沉淪下去。因此，諸佛菩薩只好在不可說中，勉強而說。勉強而說，就是前面彥充禪師所謂的「不說（而）說」。而「不說說」，正是前引《摩訶般若波羅蜜經》的經文：「諸法實相不可說，而佛以方便力故說！」

德山禪師的棒喝禪風，元朝道泰禪師所編輯的《禪林類聚》卷六，曾簡略地描述：「不立佛殿，凡見僧入門便棒！」海印信禪師，曾這樣讚嘆德山的棒喝禪風：「德山棒，劃斷聖凡魔膽喪！善能方便捋虎鬚，忿怒那吒亦摧蕩！」白雲端禪師，則寫了一首詩，讚嘆德山禪師：

突出雙頭卒難辨，曾將一擊碎潼關；
自從天下太平後，流落人間號德山！

詩裡的「雙頭」，指的是任何相對的事物或概念，例如日與月，山與海，花與草，大與小，長與短，男與女，善與惡，是與非，凡與聖等等。執著這些相對待的事物或概念，乃是煩惱生起的因緣。

《金剛經》要我們空掉一切、放下一切，所放下、所空掉的，正是這些相對待的事物和概念。而德山的棒喝，把《金剛經》裡的般若空，發揮得淋漓盡致；使難以分辨的「雙頭」，在德山的一棒之下，完完全全地粉碎！

德山別號周金剛，原因是他早年曾註解《金剛經》，名叫《金龍疏抄》。後來受到了龍潭禪師的點化，體悟語言文字畢竟不是親身體驗，一把火就將嘔心瀝血之作燒掉了！

燒掉《金剛經》疏抄的德山，更加體悟經裡所說的般若空了！事實上，他用棒喝的方式，表達對於《金剛經》的了解和尊重。啊！德山！燒掉了有形的《金剛經》，卻大力闡揚無形的《金剛經》！

不但白雲禪師寫詩讚美德山棒，大洪恩禪師，也寫了下面的這首詩歌，讚美德山棒：

一棒一條痕，辛酸不可論；
丈夫多意氣，幾箇是知恩！

而無盡居士，則寫了下面這首四句詩，讚美德山棒：

一條楖栗倚青天，別向三乘教外傳；
未眨眼時遭八百，擬開口處著三千！

無盡居士詩裡的「別向三乘教外傳」，意思是：德山的棒喝禪風，是「三乘教」（一切經教）之外所傳授的禪法。這顯然沿用「不立文字，教外別傳」的禪門典故。而最後兩句，不正是德山所謂「道得也三十棒，道不得也三十棒」的翻版嗎？

九、以矛盾來表達般若空

《金剛經》常用矛盾的句子，表達般若空理。這些矛盾句子大都具備底下的形式：「某甲，不是某甲；所以，某甲，是某甲！」例如：

「莊嚴佛土者，即非莊嚴佛土；是名莊嚴佛土！」

「如來說第一波羅蜜，即非第一波羅蜜；是名第一波羅蜜！」

「所言一切法者，即非一切法；是故名一切法！」

「如來說，諸心皆為非心；是名為心！」

像這樣的矛盾形式，全經共有三十幾處之多！

也許受到《金剛經》矛盾句子的影響吧！禪師們往往也會採取矛盾的方式，來表達般若空。趙州從諗禪師就是一個好例子：

有一次，趙州在雪地上故意臥倒，然後大喊：「救命呀！救命呀！」有個禪僧看到這種情形，過去趙州身旁，也和趙州一樣，臥倒在雪地上。

於是，趙州從地上爬了起來，一語不發地走了。（見《指月錄》卷一一）

趙州臥倒在雪地，大喊救命，禪僧照理應該過去把他扶起來。但這禪僧也不是普通人物，他不但不把趙州扶起，反而採用矛盾的手法，也和趙州一樣臥倒在地！

同一意趣的故事，也發生在雪峰義存和玄沙師備這兩位禪師身上：

有一天，雪峰把自己關在屋子裡，點火燒木柴，並且大叫：「失火啦！救命呀！救命呀！」玄沙拾來一片木柴，從窗口拋入室內。於是，雪峰便打開大門，從屋裡出來。（見《指月錄》卷一七）

屋內大火，應該潑水救火才合常理；玄沙卻以矛盾的方式救火！玄沙火上加油，撿了一片木柴，拋入火堆當中。而雪峰竟然也因而被救了出來！

石林鞏禪師，曾寫了一首詩歌，來讚嘆雪峰禪師的善用矛盾：

高燒榾柮煖通身，快活難禁一屋春；

不是謝郎來合火，誰知門外有寒人！

（見《宗鑑法林》卷四五）

無疑地，這是讚美雪峰矛盾禪法的一首詩歌。誠然，當雪峰在屋內燒起榾柮（木塊）的時候，屋裡就像春天來到一樣，暖和了起來。啊！一個善用矛盾來傳授禪法的禪師，總是讓人有春暖花開的感覺。

然而，如果不是俗姓謝的玄沙這位男兒郎，從涼風颼颼的屋外拿了一片木柴進來，火上加油地投到火堆裡去，怎麼知道矛盾禪法之外，是一片寒冷的冰天雪地呢！

雲門文偃，也是一位善於利用矛盾教學方式的禪師。下面是一則有關他的小故事：有個禪師問：「道生法師曾說：『敲空作響，擊木無聲。』請問這是什麼意思？」雲門拿起拄杖，往空中敲了敲，大叫：「噯喲！噯喲！」然後又敲敲板頭，問這個禪師：「有聲音嗎？」禪師說：「有聲音！」雲門說：「你這個俗漢！」然後又敲敲板頭，說：「（明明沒有聲音）還說有聲音！」（見《指月錄》卷二〇）

「敲空作響，擊木無聲」這個矛盾句子，是南北朝時，竺道生法師所說的一句話。雲門拿起拄杖，敲敲天空，你聽到「噯喲！噯喲！」的叫聲了嗎？當他敲打板頭時，你到底聽到聲音沒有？

「解空第一」的須菩提，在巖中宴坐，感動得梵天散花讚嘆！須菩提說：「是誰在那裡散花、讚嘆呢？」梵天答：「是我們在天上聽到你正在說般若，受到感動，因而散花、讚嘆！」

須菩提說：「我在巖中宴坐，並沒有說般若呀！」梵天們說：「這就對了！這就對了！你無說，我們無聞，是真般若！」（見《指月錄》卷二）

梵天們說：「無說無聞，是真般若！」誠哉斯言！而雲門禪師的敲打板頭，你聽見聲音了嗎？

然而，在這些以矛盾表達般若空的實例當中，最有趣的，莫過於南北朝善慧大士傅翕的矛盾詩。這首矛盾詩，在禪門中真是稀有難得！禪門中，矛盾詩原本就很少，這是本書中唯有的一首！它是：

空手把鋤頭，步行騎水牛；
人從橋上過，橋流水不流！

當斷橋妙倫禪師讀到了這首矛盾詩之後，吟出了下面這首詩歌：

狗走抖擻口，猴愁摟搜頭；
瑞巖門外水，自古向西流！
（見《指月錄》卷二）

詩中的瑞巖，是斷橋妙倫禪師所居住的禪寺。而詩的大意則是：狗抖擻著嘴巴走路；猴子摟搜頭（縮著頭）發愁；乃至瑞巖寺外的流水，向西流去；這些現象，從古至今都是如此，常住不變。這就像空著手卻又把著鋤頭，步行卻又騎著水牛，乃至橋流水不流一樣，也是常住不變呀！

張無盡居士曾把傅大士的這首矛盾詩，拿去請教皓布裩禪師；皓布裩評論說：「這首詩偈，只得到法身邊事，還沒有得到法身向上事！」

法，是佛法；佛教的真理。就《金剛經》來說，法，指的自然是般若空的真理。法身，真理之身；則是指佛陀的真身。

佛陀，解脫者、覺悟者、智慧者。佛陀之所以稱為佛陀，不在祂美妙殊勝的外表身相；而在祂徹底體悟了般若空的道理。因此，佛陀的真身，就是般若空的真理之身，亦即法身。

法身邊事，意味著只到真理的門檻，未入真理的堂奧。而法身向上事，則是超越了真理；也可以說，是真理中的真理！

皓布裩批評傅大士的矛盾詩，只到了真理的門檻，還不是真理中的真理！

無盡居士聽了，又問皓布裩：「既然這樣，什麼是法身向上事呢？」皓布裩唱了下面的這首詩頌，作為回答：

昨夜雨滂亨，打倒葡萄棚。
知事普請，行者人力。
拄底拄，撐底撐；撐撐拄拄到天明，
依舊可憐生！
（見《指月錄》卷二）

詩頌中的「普請」，是禪寺僧人出來工作的意思。知事，則是禪寺中辦理雜務的僧人。辦理雜務的僧人，全都出來工作，即是「知事普請，行者人力」。

為什麼大夥出來工作呢？因為昨天晚上的一場風雨，把葡萄棚都吹倒了，必須寺僧們通力合作，才能把它再度扶起。

於是，寺僧們忙了整整一個晚上，拄的拄，撐的撐，拄撐到了天明時分，卻依舊是老樣子，東倒西歪，沒能把倒下的葡萄棚扶起來！

啊！依舊是老樣子！這不正是斷橋妙倫「自古向西流」的意思嗎？

誠然，在常住不變的「般若空」的觀照之下，可以是「世界，非世界；是名世界」（《金剛經》語）的矛盾，那麼，「空手把鋤頭」，乃至「橋流水不流」的矛盾，也就沒有什麼不可能的了！

十、般若含容萬法

般若遣蕩一切，在般若空之下，一切事物都是空幻不實；這是《金剛經》等《般若經》所闡述的道理。

《金剛經》裡有名的四句偈，就曾以夢、幻（魔術）、（水）泡、影、露、（閃）電等六種比喻，來描述宇宙萬物——「有為法」的空幻不實：

一切有為法，如夢幻泡影，
如露亦如電，應作如是觀！

然而，在四卷本《楞伽經》「如來藏緣起」的體悟之下，一切事物無非佛性如來藏心的顯露；一切事物因而也都是至善至美。

綜合了《金剛般若經》和四卷本《楞伽經》的禪宗，所理解的般若，不必然是遣蕩一切或空掉一切；而是在遣蕩一切、空掉一切之後，總是不忘包容它們的穢惡，總是不忘肯定它們的美善！

記錄六祖惠能言行的《六祖壇經》，就是一個例子：

自性能含萬法，是大。
萬法在諸人性中。
若見一切人，惡之與善，
盡皆不取不捨，
亦不染著，
心如虛空，名之為大。
故曰摩訶。

這是惠能解釋「摩訶般若波羅蜜」（大智慧到彼岸）一詞當中，最重要的一段。在這段解釋中，把「大」（摩訶）比喻為「虛空」，把「大」理解為「自性能含萬法」。無疑地，這是四卷本《楞伽經》的「如來藏緣起」思想。

因此，在禪師們看來，所謂的般若空，不但是「不取」（遣蕩一切），而且是「不捨」（包容一切）。

包容一切的「不捨」，成了相當重要的禪法。惠能針對臥輪禪師的一首詩所提出來的批評，就是一個最好的例子。臥輪禪師的詩偈是這樣的：

臥輪有伎倆，能斷百思想；
對境心不起，菩提日日長！

臥輪的意思顯然是：由於斷除了心中各種思緒，達到面對外境時，心如止水，而不起心動念的地步；覺悟的「菩提」，也就因而日日增長了！

惠能聽到了這首詩偈之後，評論說：「這首詩偈還沒有大徹大悟；如果依照這首詩偈所說，而去修行，反而是一種繫縛！」

於是，惠能作了下面的詩偈，用來糾正臥輪詩偈的錯誤：

惠能沒伎倆，不斷百思想；
對境心數起，菩提作麼長！

面對五顏六色的外境，面對五花八門的引誘，卻不妨內心隨之生起的念頭思緒。這是四卷本《楞伽經》體悟下，所顯發出來的「不捨」的般若空！

很久很久以前，有個老婆婆，獨資建了一座庵廟，虔誠地供養一位禪僧。每天叫一個二八佳人，送飯給禪僧吃，還侍候禪僧的生活起居。二十年來，從沒有間斷過。一天，老婆婆吩咐妙齡少女：「今天妳見到禪僧時，就緊緊抱住他，看他有什麼反應？回來向我報告！」

二八佳人依照老婆婆的吩咐，來到禪僧所住的寺庵，緊緊抱住禪僧不放。這時，禪僧無動於衷地唱了下面的兩句詩：「枯木倚寒巖，三冬無煖氣！」

二八佳人回到老婆婆那裡，一五一十地稟報。老婆婆一聽，大失所望地說：「二十年來，白白供養了一個俗漢！」

於是，老婆婆把禪僧趕走，放一把火，連庵也燒了！（見《指月錄》卷七）

的確，如果修行二十年，只修到遣蕩所有、空掉一切，像一棵寒巖上已經死了三年的枯木，沒有一絲生氣；那麼，不參禪、不修行也罷！

有僧問雲門文偃禪師：「樹凋葉落時如何？」雲門答：「體露金風！」（見《指月錄》卷二〇）

可不是嗎？寒巖上死了三年的枯木，也可以像雲門所說的那樣，無所遮蔽地全身曝露在清爽的秋風當中呀！

古德對雲門禪法的評論是：「出奇言句！」也就是，雲門在師徒之間的問答當中，常有出乎意料之外的答話出現。上面的「體露金風」是一個例子，下面則是另一個例子：

有一次，禪僧問雲門：「什麼是法身？」雲門答：「六不收！」（見《禪林類聚》卷二）

六，指的是經典中所說的六根、六塵、六識等一切事物。眼、耳、鼻、舌、身、意，是六根；它們是感覺器官。色、聲、香、味、觸、法，是六塵；它們是六根所感覺的對象，也是整個外在世界。而眼識、耳識、鼻識、舌識、身識、意識，則是六識；它們是六根接觸到六塵時，所產生的六種感覺作用。

法身，佛的真身，亦即真理之身。真理之身無形無相，超越時空的限制，不是外在世界中的任何一物，也不是感覺器官的知覺對象，更不在六種感覺作用當中。因此，雲門回答：「法身六不收！」

六不收的法身，雖超越時空和萬物，超越心思和言語，但卻又明明白白顯現在時空中的萬物、心思、言語當中，那麼親切，那麼清晰！也許，這正是在般若空的遣蕩一切之後，所顯發出來的大用吧！在禪師們的眼裡，般若空的大用，總含容著無限美善的真理呀！

白雲端禪師詠「法身六不收」的詩偈，最能傳達這種般若空之後，還能含容萬法的大用了！他說：

六不收兮調最新，能歌何待繞樑塵；
和風滿檻花千樹，不換乾坤別是春！

誠然，春日裡，滿檻和風，千樹花朵，不正是般若空裡含容萬法的真實顯現嗎？

而圓悟克勤禪師，也曾針對「法身六不收」，吟出了相同意趣的詩歌：

一不立，六不收，突然那更有蹤由？
無限江山留不住，落花流水太悠悠！
（見《禪林類聚》卷二）

第二部　禪詩賞析

一、遣蕩一切的禪詩

第一則 一物不將來

嚴陽尊者問趙州從諗禪師：「一物不將來時，如何？」趙州答：「放下來！」嚴陽說：「既然一物不將來，放下什麼？」趙州答：「放不下，那就挑走吧！」嚴陽聽了，大徹大悟。

大徹大悟後，嚴陽尊者身邊常有一蛇一虎圍繞，吃他手上拿著的食物。

黃龍慧南禪師讀到了這則故事，詠出了下面的詩歌：

一物不將來，兩肩挑不起；

言下忽知非，心中無限喜！
毒惡既忘懷，蛇虎為知己；
光陰幾百年，清風猶未已！
（見《指月錄》卷一三）

「一物不將來」，任何東西都不帶來；這是般若空遣蕩一切的顯現。然而，般若空往往成了虛無主義，空中無法含容萬法，無法具足無量功德。必須把「般若空」本身也空掉、放下，才能顯發它的大用。

所以，《金剛經》說：「佛說般若波羅蜜，則非般若波羅蜜！」另外，《摩訶般若波羅蜜經》說到了十八空；十八空裡有各種「空」，但也有「空空」。

已經有「空」就夠了，為什麼還要「空空」呢？龍樹的《大智度論》解釋說：就像病人吃藥，貪圖藥能治病，病好了，還繼續吃藥，於是藥物中毒，得了藥病！各種空，為的是治療煩惱病；煩惱病被「空」治好了，還執著有個「空」在，得了空病。這時就必須以「空空」來治療空病了！

執著空的行者，就像得了藥病的人，必須停止吃藥，連空也空掉，才能得救。「放不下，那就挑走吧！」唉！連「一物不將來」（空），都挑不走，如何能感化一蛇一虎呢？

第二則 牛過窗櫺

「放不下，那就挑走吧！」但是往往卻挑不走，哪怕只剩下那麼一丁點！五祖法演禪師問弟子們：「水牯牛過窗櫺，頭角和四蹄都過了，為什麼尾巴卻過不了？」

確實，許多修行人，錢財、名聲，全都空掉了，卻空不掉那剩下的一丁點「有」！那一丁點「有」，可能是自己所崇敬的佛；可能是自己所修習的法門；也可能是空掉一切，卻空不掉它本身的般若空！

高峰妙禪師看到這則公案之後，寫了一首詩，讚嘆它：

等閑放出這牛兒，頭角分明舉似誰？
若向尾巴尖上會，新羅鷂子過多時！

（見《指月錄》卷二八）

這佛性牛兒，脫困狂奔，挺起胸膛，抬起頭角，試圖跳出牛舍的窗子，奔向光明自由的草原。誰知道，頭角都過了，連龐大的肚子也都過了，為什麼還剩下一丁點的尾巴，卻過不了呢？

啊！如果你執著在那一丁點過不了窗子的尾巴，那麼，佛性或般若空的真理，就像鷂子（五色雉雞）一樣，早就飛到新羅（韓國），飛得無影無蹤了！

第三則　百尺竿頭

有個禪僧，問法燈禪師：「百尺竿頭，如何更進一步？」法燈答：「啞！」

一天，廬山化士來到茶陵郁山主所住的禪寺，二人正討論著禪門中的種種事情。言談中，廬山化士知道山主一直都住在禪寺裡，不曾行腳參訪禪師。於是，指點山主，參究法燈這則「百尺竿頭，更進一步」的公案。

山主參了三年，沒有任何收穫。一日，騎著驢子，經過一座木板橋，一不小心，驢蹄踩斷了一塊木板，山主連人帶驢，掉入河裡，卻因而大悟！從此不再走出茶山一步。

大悟後，山主吟了下面的這首詩歌：

我有神珠一顆，久被塵勞封鎖；
今朝塵盡光生，照見山河萬朵！

許多人，辛辛苦苦爬到了竹竿的尾端，想要更進一步，搶得第一高位；卻又不肯鬆手，不肯放下緊緊抱住的竹竿，然後往青空白雲處奮力一躍，這又怎麼可能更進一步呢！而當山主苦思三年，終於願意放下最後一丁點的執著，鬆手往青空白雲處奮力一躍！他因而大徹大悟了！

茶陵郁山主悟到什麼呢？悟到他身心中，那顆本性光明，卻被塵勞封鎖的佛性如來藏心。那顆佛性如來藏心，終於破塵而出了！

啊！當空掉一切，放下一切之後，並不是無盡的荒原虛無，而是閃爍著萬朵光明的美麗山河呀！

白雲端禪師，讀到了這則公案時，因而寫下這樣的一首詩偈：

百尺竿頭曾進步，溪橋一踏沒山河；
從茲不出茶山上，吟嘯無非邏哩囉！

（見《指月錄》卷三）

「從茲不出茶山上」，因為一個已經開悟的人，什麼都不欠缺，根本不需要往外尋求什麼。

茶山上，山主所吟所嘯，哪怕是「吃茶吧！」「起風了嗎？」這類日常語言，也全都像「邏哩囉」這種密咒一樣，具有不可思議的神力！這是因為，他的一舉一動，全都像神珠一樣的光明燦爛呀！

第四則　摘楊花！摘楊花！

有個禪僧向趙州從諗禪師辭行，趙州問：「哪裡去？」禪僧答：「各地參禪去！」

趙州說：「有佛處不得住，無佛處急走過。如果在三千里外碰到什麼人，千萬不要說錯話喔！」禪僧聽了說：「既然這樣，那我就不去了！」趙州說：「那就去摘楊花吧！」

執著有佛，固然未達一切皆空的境地；執著無佛，同樣也是未能體悟般若空的道理。有與無，是相對立的兩邊，都是執著。

一個修行人，在修道的漫漫長路，走了三千里，把有佛和無佛都空掉之後，是否能夠顯發般若空含容一切的大用呢？也許，只有在摘楊花這樣平常的事物當中，才能尋找到遣蕩一切，卻又含容一切的般若空吧！

徑山杲禪師，曾針對這則公案，一句一句地分別吟了下面的詩偈：

有佛處不得住，生鐵秤錘被蟲蛀！
無佛處急走過，撞著嵩山破竈墮！
三千里外莫錯舉，兩個石人相耳語。
恁麼則不去也！此話已行徧天下。
摘楊花！摘楊花！

（見《指月錄》卷一一）

趙州說：有佛處、無佛處都不可執著；那是般若空的顯發。

徑山則吟了兩個矛盾句：「生鐵秤鎚被蟲蛀」、「撞著嵩山破竈墮」。

唉！生鐵製作的秤鎚，怎麼可能被蟲蛀呢！破竈又怎麼可能撞上嵩山，然後掉落下來呢！這是闡釋般若空的兩個矛盾句。

有佛、無佛都不對，一個要急走過，一個要不得住；這和常理不合。在常理中，如果有佛錯誤，無佛一定正確；反之，如果無佛錯誤，有佛一定正確。但在這裡，有佛、無佛都是錯誤，都必須空掉、遣蕩掉。這不就是矛盾嗎？

「兩個石人相耳語」，這也是矛盾句。石頭雕出來的人，怎麼可能互相耳語呢！太奇妙了！真是不可思議呀！

禪籍中的矛盾句，大體分為兩類：一類闡釋般若空，一類則在讚嘆超乎想像、不可思議的事物。鐵秤鎚被蟲蛀和破竈撞嵩山，屬於第一類；而石人耳語則屬第二類。

一個體悟般若空的行者，能在三千里外不說錯話，那真是值得讚嘆的一件美事！這就像兩個無法說話的石人，卻互相耳語一樣，真是不可思議呀！

「恁麼則不去也」，這樣那就不去吧！做到「不去」，則遍天遍地自由自在，無所障礙呀！

在般若空中，一切相對待的事物都空幻不實，來也空幻不實，去也空幻不實；不來不去，才是真般若！

所以《金剛經》裡，釋迦佛說：「若有人言：『如來若來、若去，若坐、若臥。』是人不解我所說義！」又說：「如來者，無所從來，亦無所去，故名如來。」

可見，「(不來）不去」是最高深的修行功夫，也是最高深的修行境界。

什麼是「(不來）不去」？是像無情的磚塊、石頭那樣嗎？是沒有動作，沒有知覺嗎？如果最高深的修行功夫和境界，是當一塊磚、一塊石頭，那寧可不要這種功夫和境界！

「摘楊花！摘楊花！」這是多麼平常的事情呀！然而，這才是真正的「(不來）不去」。只有以平常心，做平常事，而不執著於來，也不執著於去；不執著於任何相對的事物，讓心境達到絕對的空靈境界，這才是真正的「(不來）不去」。

在「摘楊花」這樣平常的事物當中，卻隱含著不平常境界。「唵嚤呢嗟哩吽嗳吒！」這是密咒，也是最不平常的事情。密咒，又譯為總持。從「總持」的譯名上，就知道它能含容一切事物，具有無量無邊的功德。

啊！一個不執著於有佛與無佛的行者，一個精進修習「不去」的行者，一個能在摘楊花這種平常事物當中，體悟般若空的行者，真是值得讚嘆呀！這樣的行者，必定像密咒一樣，具有不可思議的神力！

第五則　佛之一字吾不喜聞

趙州從諗禪師告訴他的徒眾說：「佛之一字，吾不喜聞！」

幻庵覺禪師聽到了這則公案之後，說：「大家千萬不要像趙州這樣！」隨後又說：「既然不要這樣，到底要怎樣？」

於是，幻庵以一首詩偈，回答自己所提出來的問題：

佛之一字吾不喜聞，去年依舊今年春；
今年春間降大雪，陸墓烏盆變白盆！
（見《指月錄》卷一一）

在般若空遣蕩一切的觀照之下，連尊貴的佛陀，都必須放下、空掉。這種道理，就像四季運轉，永無差錯一樣；每一年的春天，一定會在冬盡之後到來。

真是奇妙呀！今年春天已經來到，竟然還降下了皚皚白雪哩！看哪！連那陸墓烏盆，都變成白盆了！啊！空掉一切，連尊貴的佛陀也都空掉了！這真是奇妙而又不可思議呀！

第六則　婆婆第七兒

巖頭和尚曾在武昌（鄂）的一個湖邊作渡船人。湖的兩岸，各掛著一塊木板，如果有客人要渡湖，就打板招呼渡船人。

一天，有位老婆婆，懷裡抱著一個小孩，站在湖岸上，一邊打板，一邊向巖頭說：「我不問你怎麼樣划槳；只問你：我手中的孩子是從哪裡來的？」

巖頭聽了，拿起船槳，一句話也不說，劈頭便打老婆婆。老婆婆挨打之後，說：「我生了七個兒子，其中六個不遇知音。唉！沒想到，連這第七個，也沒有遇到知音！」說完話，就把手中的孩子，拋入湖裡！

南叟茂禪師為這則公案，詠了下面的詩偈：

鄂渚渡邊窮鬼子，全機錯在扣舷時；
何如別下一轉語，救取婆婆第七兒！
（見《續指月錄》卷六）

要把老婆婆，以及她懷中的孩兒（佛性如來藏心的象徵），從苦難的此岸，渡過充滿險惡暗流的湖水，到達解脫的彼岸；途中，除了掌舵的船夫，必須正確無誤地扣下船舷之外，必要時，還要拋去一切身外之物。哪怕是自己最疼惜的親生兒子（佛性如來藏心），也都要放下、拋棄！

老婆婆嘗試渡湖，已經好幾次了，並且因而失去了六個孩子。而今，在巖頭和尚的渡船上，又失去了唯一剩下的第七個孩子！錯就錯在巖頭這窮鬼子，扣錯了船舷，盡是遣蕩又遣蕩、棒打又棒打！還執著有個「空」在！

然而，在空了又空，連唯一的孩子也都拋入湖中之後，為什麼南叟禪師還想拯救這第七個孩子呢？

啊！般若空，不能是虛無主義的空，必須是含藏無量功德的空！

第七則 有裡尋無

東山和尚，有這樣的一首詩頌：

空門有路人皆到，到者方知旨趣長；
心地不生閒草木，自然身放白毫光！

的確，一個體悟空的修行人，心中沒有任何閒草木（煩惱），身體自自然然自在解脫起來，連兩眉之間，也像佛陀一樣，長出了白色毫毛，還放射著閃亮亮的光芒呢！

另一方面，萬庵致柔禪師，則在禪堂上說：「東山和尚，只知道無中覓有，卻不了解有裡尋無。我卻不一樣！……」說著，說著，萬庵禪師唱了起來：

空門有路人皆到，到者方知礙處通；

石上栽華還結果，到頭元不假春風！

（見《續指月錄》卷二）

般若空，難道真的是冷峻無情的虛無？難道真的是草木不生的心地？《六祖壇經》裡，惠能不是告誡我們：「惠能沒伎倆，不斷百思想」嗎？啊！那草木不生，像石頭一樣冷峻堅硬的心地裡，竟開出美麗的花朵，不待春天來臨，就結起纍纍果實來了！你還能說，在廣大虛無的般若空中，沒有不可思議的妙有嗎？

第八則　超佛越祖句

有個禪僧問南嶽綠蘿山茨通際禪師：「什麼是超佛越祖句？」通際禪師豎起手上的拄杖，說：「向這裡參究吧！」禪僧聽了，大喝一聲；通際則打他一棒。禪僧還想進一步說話，通際連棒把他打出。

在遣蕩一切的般若空中，佛陀要超越，祖師也要超越。

然而，在超越了祖佛之後，還存在著超佛越祖的句子嗎？答案自然是：沒有！這樣看來，禪僧的挨打，是有道理的。

友石徹禪師，就曾寫了這樣的一首詩歌，來讚嘆通際的棒打禪僧：

杖頭指出中天月，池內風飄菡萏香；
若問西來超祖句，徒勞獨自費評章！

中天月和菡萏香，就像西來超祖句一樣，都是超佛越祖句的象徵。啊！這超佛越祖的句子，在通際禪師拄杖子的棒打之下，全都遣蕩掉了；幹嘛還白費唇舌、大作文章去評論它呢！

然而，這世上，果真有什麼超佛越祖的句子嗎？如果有，那就是通際禪師手中，那支普普通通、平平凡凡的拄杖了！

其實，豈止是通際禪師手中的拄杖，一塊磚、一片瓦、一朵美麗的薔薇花，這些平常的事物，又何嘗不存在著超佛越祖的句子！

此念正禪師，曾寫了一首詩歌，來讚美通際禪師那支平平常常的拄杖子：

相詢越祖句，拋出鐵饅頭；
沾著些兒味，令人飽不休！
（見《宗鑑法林》卷三八）

什麼是超佛越祖句？啊！通際禪師拋出的鐵饅頭，還沾著些超佛越祖的味兒呢！你吞下了嗎？

第九則　草深無覓處

禪僧問青林禪師：「我要走了！怎麼樣？」青林答：「死蛇擋大路，勸你不要當頭硬闖！」禪僧又問：「不當頭硬闖時，怎麼樣？」青林答：「你還是沒有回頭逃跑的餘地！」

的確，在般若空遣蕩一切之下，即使碰到的只是一條死蛇，你都沒有活命的餘地！既然當頭硬闖和迴避逃跑，都要喪身失命，因此，禪僧又問：「正當這樣的時候，怎麼樣？」青林答：「錯失了！」

既不當頭硬闖，也不迴避逃跑，那就遠離兩邊，採取中庸之道吧！然而，正當採取中庸之道的時候，又怎麼樣呢！——禪僧這樣問。青林依舊是一棒狠狠打下，說：「你又錯了！」

當頭硬闖，錯！迴避逃跑，錯！既不當頭硬闖，也不迴避逃跑的中庸之道，還是錯！那麼，到底怎樣才正確？——禪僧這樣追問著。青林答：「往草深無覓處去，那就對了！」

在遣蕩了當頭硬闖和迴避逃跑之後，在遣蕩了既不當頭硬闖，也不迴避逃跑之後，啊！那草深無覓處，正泛著般若空的智慧之光呢！

鼓山賢禪師，曾這樣評論青林的死蛇：「既不許當頭，又不許迴避；只要有所言說，有所思慮，就和真理隔了千山萬水！這叫人如何是好？」鼓山還因此寫了兩句詩：

「虛舟無意浮秋水，構柁渾忘渡月明！」

的確，只有在忘掉所有、放下一切的空無心境下，漁人才能構著船舵，讓漁船平平安安地，回到自己真正的家。

想來，丹霞淳禪師最能體會青林的意旨了；他說：

長江澄徹印蟾華，滿目清光未是家；
借問漁舟何處去？夜深依舊宿蘆花！

夜深了，長江澄徹的江水，正倒映著天上的明月呢！這不是我的家！即使是如此美麗、清亮的明月，這依然不是我的家！

啊！就讓漁舟，隨著晚風在江上漂流吧！漂流吧！漂流！你看！那蘆花深深處（草深無覓處），才是我溫暖的家！

而天童覺禪師，也曾為這則「青林死蛇」公案，寫了下面的一首詩歌：

三老暗轉柁，孤舟夜迴頭；
蘆花兩岸雪，烟水一江秋。
風力扶帆行不棹，
笛聲喚月下滄洲！
（見《宗鑑法林》卷六三）

這首詩歌，是針對丹霞的詩歌而寫的。

丹霞的詩歌，象徵修行人的漁舟，一直停留在江邊的蘆花叢裡；目的是要呼應青林的「草深無覓處」。而天童詩裡的孤舟，則漂到了象徵大徹大悟、解脫無礙的滄洲。然而，滄洲就是草深無覓處，草深無覓處就是滄洲。大徹大悟的解脫境界，哪有不同的兩樣！

詩歌一開頭的「三老」，指的是禪僧、青林和丹霞三人。

看呀！長江兩岸，正盛開著雪一樣，白茫茫的蘆花呢！這三人同乘一舟，他們暗中轉動船舵，江水上的孤舟，終於轉過頭來了！

月光如銀，倒映在江水中，泛著粼粼亮光。隱隱中，遠處傳來幽揚的笛聲。啊！這孤舟，這載著三人的孤舟，正隨著清涼的秋風，漂呀漂地，漂到了滄洲！

第十則　一屙便了

簡大德問天童咸啓禪師：「我卓卓地來，請您的的地面對我！」天童說：「我這裡一屙便了，哪裡有什麼卓卓的東西！」

卓卓，高遠、優越的樣子。的的，明白、確實的樣子。

天童的回答，意味著「平常心是道」；但也意味著遣蕩一切，連卓卓的東西，也必須放下、空掉的般若空。既然沒有「卓卓」的東西，那麼，什麼是「的的」的東西呢？那就是屙屎、拉尿！

承天宗禪師，曾為這則公案，寫了下面的這首詩歌：

卓卓的的，一屙便息。
老鼠舞三臺，貓兒吹觱篥。
烏龜舉首唱巴歌，
一二三四五六七！
（見《宗鑑法林》卷六四）

三臺，皇宮裡的三種臺階。漢朝的許慎，在他所著的《五經異義》一書當中，曾說：「天子有三臺：靈臺以觀天文，時臺以觀四時施化，囿臺以觀鳥獸魚鱉。」後來，就把三臺當成皇宮的意思。

觱篥，又名悲篥、笳管，傳自龜茲（新疆）的古樂器。巴歌，巴地之歌。巴，古國名，相當現在的川東一帶。古代巴國，曾流行〈下里巴人歌〉。下里，鄉里的意思。〈下里巴人歌〉，巴國鄉下所流行的民歌。

承天禪師的詩歌，頭兩句重複天童禪師的話；而後面幾句看似無理路可尋的詩句，則是讚嘆天童的話。

啊！所謂卓卓的東西，就是屙屎拉尿；太奇妙了！太奇妙了！奇妙得就像老鼠在皇宮裡跳舞、野貓兒在吹奏觱篥、烏龜在唱巴歌一樣！一二三四五六七！跳呀跳、吹呀吹、唱呀唱的，你看到、聽到了嗎？

第十一則　諸聖只是傳語人

有一個禪僧問九峰禪師：「聽說您曾經說過：『諸聖代代出世，但都只是傳語人罷了！』您真的說過這話嗎？」九峰答：「我是說過這話。」

禪僧又問：「佛典說：釋迦牟尼佛，剛從母胎出生時，走了七步路，步步生蓮。然後，一手指天，一手指地，說：『天上、天下，唯我獨尊！』既然這樣，為什麼也叫做傳語人？」九峰答：「正因為祂一手指天，一手指地，所以，祂也只是傳語人罷了！」

傳語人，沒有自己的主見，只是個人云亦云的傳聲筒罷了！所有聖者，都只是人云亦云的傳聲筒；包括一生下來，就能夠走路、說大話的釋迦佛！

誠然，任何人都有本具的般若空慧；因此，任何人解脫之後，所開發出來的般若空慧，都不是來自他人的傳授。

啊！一生下來，就能指天、指地的釋迦佛，儘管擁有大智大慧和大慈大悲，也無法把這些智慧和慈悲，傳授給我們。

釋迦佛最多只是一個傳聲筒罷了！古聖先賢告訴祂：「人人本有般若空慧！」於是，祂拿起了傳聲筒，把這個好消息，大聲地轉告我們：「看呀！你們也有本具的般若空慧！」

然而，本具的般若空慧，必須靠自己才能開發！放下所有，遣蕩一切吧！連妙相圓明、可尊可敬的佛陀，也遣蕩掉吧！從此不再唯唯諾諾，不再向兩千五百年前的釋迦佛，大獻殷勤，不再把木雕、銅鑄的佛像當做主人。這時，步步生蓮、指天指地的，不是釋迦佛，而是你自己！

丹霞淳禪師，最能體會這種道理了；他說：

妙相圓明不可親，奴兒婢子自殷勤；
指天指地稱尊大，也是傳言送語人！

（見《宗鑑法林》卷六四）

第十二則　雲門戲論

禪僧問雲門禪師：「這樣來的時候，怎麼樣？」雲門答：「戲論！」禪僧又問：「不這樣來的時候，怎麼樣？」雲門答：「戲論！」禪僧第三次追問：「有沒有更向上的東西？」雲門還是回答：「戲論！」

戲論，只會引生煩惱，而無實質意義的言語、思惟。

這樣來，是戲論；不這樣來，是戲論；向上事，也是戲論！其實，只要是帶著主觀偏見，來看待事物，那麼，哪一樣事物不是引生煩惱的戲論！只有在不可說、不可說，遣蕩所有，心空一切空的情境下，才有真正的「向上事」！

雪岸睿禪師的詩歌，最能詮釋這種道理了；他說：

無腔笛弄彩雲横，翻盡梅花調不更；
假有知音能側耳，滿懷肝膽一時傾！
（見《宗鑑法林》卷七一）

一支沒有腔孔，也沒有聲音的笛子，正吹奏著永不改變的梅花曲調呢！啊！知音！你聽到了嗎？你聽到了嗎？

二、闡述「不可說」的禪詩

第一則 娑羅峰點頭

白雲度禪師，問無見先覩禪師說：「達磨祖師，從西域來的密意，是什麼？」先覩答：「等娑羅峰點頭，我再向你說！」

鬱鬱蒼蒼、巍巍峨峨的娑羅峰，當然不可能點頭！白雲想從先覩那裡，得到答案，也因此永遠不可能了！

祖師西來意，是禪門常被問到的問題。從古到今，多少高僧、多少商旅、多少遊客，從西域來到中國，其中哪有什麼奇特之處！達磨祖師的西來，也不例外；例外的是西來的意旨。

這西來的意旨，人人不同。高僧為了譯經而來，商旅為了賺錢而來，遊客為了觀光而來。而達磨祖師西來的意旨，是什麼呢？是為了傳授釋迦如來所付囑下來的禪法！這禪法叫做「正法眼藏」，它「不立文字，教外別傳」，它無法用日常語言來描述，它不可說、不可說！

既然不可說，白雲禪師還問什麼！其實，即使有一天，乾坤顛倒，奇蹟出現，娑羅峰真的點了頭，先覩禪師也不會向白雲說呀！

介庵進禪師，曾為「娑羅峰點頭」這則公案，寫了這樣的一首詩：

小姑臨嫁索根由，嫂對歸時向汝訓；
待到歸來問端的，半含笑語半含羞！

小姑從未出嫁時，就問個不停；直到嫁了出去，回娘家時，還是問個不停。兄嫂卻守口如瓶，一丁點也不肯洩漏出去！啊！好一個兄嫂！有一天，無見先覩禪師，向徒眾們，半唱半白地說：

風冷冷，日杲杲。
薝蔔華開滿路香，池塘一夜生春草。
堪悲堪笑老瞿曇，四十九年說不到！
阿！呵呵！
（見《續指月錄》卷七）

瞿曇，釋迦佛未出家前的俗家名字。釋迦佛早歲苦行，中年時，結跏趺坐於菩提樹下，夜睹明星，因而解脫成佛。

成佛後，說法四十九年，然後靜臥在兩棵娑羅樹之間，安然地逝世。

逝世後，摩訶迦葉等五百阿羅漢弟子，將他四十九年所說的道理，以及所制訂的戒律，結集成經藏、律藏、論藏等「三藏」。這即是佛典的來源，也是後世高僧說法、著述的依據。

依照這些佛典而修行的禪法，被稱為「如來禪」。

另一方面，釋迦在靈鷲山上說法，大梵天王從天上採了一朵金蓮花，獻給了釋迦。釋迦拈花，迦葉尊者破顏微笑。

在這一拈花、一微笑當中，「不立文字，教外別傳」，不可說、不可說的禪法——「正法眼藏」，已經付囑摩訶迦葉尊者了！

正法眼藏，是釋迦在不言不語中，密傳給迦葉尊者的禪法。這種禪法之所以能夠傳遞下去，不是依靠語言文字的口授，而是依靠前一代祖師（師父），與後一代祖師（徒弟）之間的心心相印。

這種禪法，有別於從佛典學來的如來禪，因此被稱為「祖師禪」。

祖師禪才是真正的禪法。它不可說、不可說，它「不立文字，教外別傳」。既然「不立文字，教外別傳」，那麼，祖師禪自然是在釋迦四十九年所說的佛典之外了！

釋迦四十九年所說的佛典之外，存在著什麼樣的禪法呢？那正是合乎「祖師西來意」的禪法——祖師禪！

什麼是合乎「祖師西來意」的祖師禪呢？唉！白雲禪師實在不應該把這個問題，拿去請教先覩禪師！因為，祖師禪既然不可說、不可說，還請教什麼呢！

白雲禪師應該請教，滿路皆香的薝蔔花；或是請教，池塘裡因為夜雨而滋長茂盛的春草呀！

啊！合乎「祖師西來意」的祖師禪，不就在薝蔔花上嗎？不就在春草上嗎？

第二則 武陵谿畔杜鵑鳴

僧問：「一句話把它說完，不可再多說一句的時候，怎麼樣？」笑巖德寶禪師答：「武陵谿畔杜鵑鳴，十里桃花血滿紅！」

武陵，晉朝陶潛名作〈桃花源記〉裡的地名。武陵郡的漁夫，進入桃花源，見到洞中風景清幽，人民安居樂業，真是世外桃源！

「不可再多說一句的時候」，是什麼時候？是體悟了一切皆空的時候；是解脫成佛的時候；是進入桃花源裡，聆聽杜鵑鳥的鳴叫、欣賞十里桃花的時候！

在這平靜安閒的桃花源裡，泣血杜鵑正啼個不停呢！在「不可再多說一句的時候」，你聽到多嘴杜鵑，吱吱喳喳，說了什麼嗎？

啊！牠說：「那片廣袤的十里桃花，正盛開著呢！一朵朵，正殷切呼喚著你和我呢！」

遠菴僼禪師，曾寫了一首詩頌，來讚美笑巖德寶禪師的回答：

武陵谿畔杜鵑鳴，萬語千言無別聲；
回首若知歸去好，天涯遊子盡回程！

而旅菴月禪師，也吟了下面的這首詩偈，讚美德寶禪師：

誰家桃李鬪芳妍，杜宇聲聲喚客還；
曾踏武陵谿畔路，洞中春色異人間！
（見《續指月錄》卷一六）

遠菴和旅菴的兩首詩偈，具有相同的意趣，都希望透過杜鵑鳥的啼叫聲和美麗的桃花，喚醒迷失本性的眾生，能夠迷途知返，體悟不可說、不可說的本有佛性，回到洞裡清靜本然的桃花源。

第三則　文殊携水．普賢折花

有個禪僧問夾山禪師：「什麼是佛？」夾山答：「在我這裡，既沒有客人，也沒有主人！」禪僧又問：「既然沒有客人，也沒有主人，那麼，平常和什麼人對談？」夾山答：「文殊與吾攜水去，普賢猶未折花來！」

禪僧問夾山，到底什麼是佛？夾山回答說：我這裡沒有主、客之分。甚至連文殊、普賢兩位大菩薩，也都不在寺裡；一個幫我攜水去了，一個則出去折花，還沒回來！因此，在我這裡，平常也沒有人可以交談。

沒有訪客，也沒有寺裡的常住可以交談；這意味「什麼是佛？」這類問題的答案，不可說、不可說。

在《金剛經》裡，釋迦佛說：「若以色見我，以音聲求我，是人行邪道，不能見如來！」如來超越了世間的一切事物，豈是色聲當中所能求得的！豈是任何語言文字所能描述的！

宋朝的投子義青禪師，見了這則公案，吟了下面的這首詩偈：

親言言處幾人知，今古無儔類莫齊；
玉馬雪行歸半夜，羚羊挂角月沉西！

（見《空谷集》卷一）

詩偈的前兩句，讚嘆夾山所說的道理，不是人云亦云，而是超乎群倫之論。後兩句，則詠嘆如來佛的無形無相，非言語所能描述。

啊！白色的玉馬，半夜裡，行走在白皚皚的雪地上，你能發現嗎？傳說，羚羊夜宿時，把雙角掛在樹上，腳不著地；你找得到牠的蹤跡嗎？啊！佛在哪裡？佛在哪裡？你能回答嗎？

第四則　慧可得髓

達磨祖師將返西天，向門人說：「你們一個一個來，向我報告心得！」

於是，道副報告說：「就我所知，真理不在語言文字上面；但離開語言文字，也無法把真理表達出來。」

達磨說：「你得到我的皮！」

總持比丘尼說：「就我的了解，真理就像美妙莊嚴的阿閦佛國；但是，必須不可執著。就像釋迦佛的弟子阿難尊者一樣，見到了阿閦佛國之後，就不想再見第二次。」

達磨說：「你得到我的肉！」

緊接著，輪到道育報告心得；他說：「組成宇宙的是地、水、火、風；這四大，本來是空。組成身心的是色、受、想、行、識；這五陰，並非實有。因此，我的了解是：一切事物都空而無實，不可得！」

達磨說：「你得到我的骨！」

最後，慧可一言不發地向達磨禮拜了一下，然後回到原來的位子上。

達磨說：「你得到了我的真髓！」

佛國白禪師見到了這則公案，寫了這樣的一首詩歌：

缺齒胡僧到大唐，卻將皮髓強分張；
九年懡㦬空歸去，添得華人笑幾場！

保寧勇禪師，也作了這樣的一首詩頌讚美它：

門前諸子列成行，各逞英雄越霸王；
如何獨有無言者，坐斷毗盧不可當？

地藏恩禪師，也作了這樣的詩偈讚美它：

當門齒缺真堪笑，面壁無言坐九年；
皮髓些些分俵了，依前懡㦬返西天！

而枯木成禪師，則這樣讚嘆著：

四維上下絕遮攔，涌出冰壺印碧天；
無孔笛中藏六律，一聲驚起釣魚船！

（見《禪林類聚》卷一〇）

這四首詩頌，字義淺顯，並不難了解。

第一首的懡㦬，是羞愧的意思。

第二首第二句的大意是：達磨門人，各逞英雄，各顯身手，一個個比「羈王」都還要厲害！羈王，是寄居的國王，位雖尊貴，但並無實權。在這裡，羈王指的是達磨祖師。

第二首第四句的「毗盧」，是毗盧遮那佛的略稱，亦即佛陀的真身——法身佛。坐斷毗盧遮那佛，顯示其銳不可當的態勢。

第三首的「些些」，是少許的意思；「分俵」，是分散的意思。

第四首詩頌的前兩句，意思是：在廣闊無邊，無所遮攔的宇宙當中，湧出了潔白的冰壺（比喻如來藏心），倒映著碧藍天空。而無孔笛，竟然吹奏出美妙的樂音（六律），驚醒了漁船上睡眠中的釣客（象徵修行人）！其中，冰壺、無孔笛，都是不可說、不可說之禪法的象徵。

第五則　鷓鴣啼處百花香

僧問風穴和尚：「語默涉離微，如何通不犯？」風穴答：「長憶江南三月裡，鷓鴣啼處百花香！」

離，遠離語言文字；指的是佛性如來藏心。微，微妙而不可思議；指的則是山河大地，它們都是佛性如來藏心的微妙彰顯。

《寶藏論・離微體淨品》曾說：「無眼、無耳，謂之離；有見、有聞，謂之微。」而《宗鏡錄》卷二九也說：「離微者，萬法體用。離者，即體；微者，功用。」可見，離微指的是，人人本具的佛性如來藏心，以及由它所顯現出來的山河大地等等大用。

僧問風穴和尚：不管是說話，或是默默無語，都會觸犯到佛性如來藏心，以及由它所生起的大用。那麼，怎樣才能不觸犯它呢？

啊！可不是嗎？說也不是，不說也不是！

佛性如來藏心不可說、不可說，怎麼可以用語言文字，來描述它呢！然而，默然無語，不用語言文字描述它，又怎麼普渡眾生呢！如何做得恰到好處，真令人傷透了腦筋！

風穴和尚，可一點都不傷腦筋。他吟了兩句詩：「長憶江南三月裡，鷓鴣啼處百花香！」

鷓鴣，鳥名。形如小母雞，頭如鵪鶉。胸前有真珠一樣的白色圓點，背毛則有紫紅色浪紋。啼叫的聲音像是：「行不得也，哥哥！」

那三月裡，江南的鷓鴣鳥，正啼叫在百花叢中呢！

「行不得也，哥哥！」啊！有什麼行不得的！有什麼不可說的！不可說的，是那些舌頭不斷，口中喃喃，喜歡耍嘴皮子的人；不是風穴，也不是諸佛菩薩！

啊！風穴的兩句話，可是不隨便露出風骨的句子。那風骨，正是佛性如來藏心呀！

因此，無門慧開禪師讚嘆說：

不露風骨句，未語先分付；
進步口喃喃，知君大罔措！
（見《無門關》）

那露出風骨的句子，風穴早已事先吩咐了！你聽到了嗎？

如果聽到了，可千萬別說出來！

第六則 父母未生面目

石車通乘禪師，曾在禪堂上，向徒眾們說：「少室真機，人天普育；直指父母未生面目。大眾！有眼曰見，有耳曰聞。且道，作麼生是父母未生面目？」

過了不久，石車禪師又唱了下面的兩句詩：

牆外鳥啼聲已碎，
盡在搖頭不語中！

唱完了這兩句詩，石車禪師還大聲喝了幾聲。（見《續指月錄》卷一九）

少室，河南嵩山當中，一支山峰的名字。《龍魚河圖》說：五嶽當中的中嶽嵩山，共三十六峰。東邊大室峰，西邊少室峰，相距十七里。又說：嵩山是這些山峰的總名，山峰中有石室，因此稱為大室峰或少室峰。

而在少室峰的北麓，有一座小山峰，名叫五乳峰；魏孝文帝曾為西域高僧佛陀禪師，在這座五乳峰上建立佛寺，即有名的少林寺。

南北朝時，從南天竺登陸南海，來到中國的菩提達磨禪師，渡過揚子江，進入少室峰的少林寺，面壁九年；然後開始傳授禪法。達磨，成了中國禪宗的開宗初祖。因此，「少室」一詞，也指菩提達磨祖師。

少室所傳授的真正禪機，能夠普渡天下蒼生；也能夠直指父母未生前，天下蒼生的本來面目。問題是：什麼是父母未生前的本來面目？

父母把我們生下來世間，成了有血有肉，也有生有死的凡夫。然而，父母還沒有把我們生下來世間之前，我們又是什麼個樣子呢？

那是：無形無相、不生不滅的般若空呀！那是：遠離語言文字，以及遠離心思議論的，佛性如來藏心呀！

你看！那短牆外的鳥兒，不是已經停止啼叫了嗎？牠們正在那裡，默默無語地搖著頭呢！

第七則　法身六不收

僧問雲門文偃禪師：「什麼是法身？」雲門答：「六不收！」

法身，佛陀的真身，也是真理之身。

六，六根、六塵、六識。六根，眼、耳、鼻、舌、身、意等六種認識器官。六塵，相對於六根的六種知覺對象：色、聲、香、味、觸、法。六識，六種認識器官，和六種知覺對象，兩相接觸時，所引生的六種知覺作用；它們是：眼識、耳識、鼻識、舌識、身識和意識。這六根、六塵和六識，其實包含了宇宙中所有的萬事萬物。

作為真理之身的法身，超越世間一切事物之上；它無形無相，不是任何世間的語言文字，所能描述，也不是六根、六塵和六識，所能包含。

啊！「什麼是法身？」「六不收！」

白雲守端禪師，曾為「法身六不收」這則公案，寫了下面的詩偈：

六不收兮調最新，能歌何待繞樑塵；
和風滿檻花千樹，不換乾坤別是春！

圓悟克勤禪師，也為這則公案，寫了這樣的一首詩偈：

一不立，六不收，突然那更有蹤由？
無限江山留不住，落花流水太悠悠！

另外，雪竇重顯禪師，也有這樣的一頌：

一二三四五六，碧眼胡僧數不足。
少林謾道付神光，卷衣又說歸西竺。
西竺茫茫無處尋，夜來卻對乳峰宿！
（見《禪林類聚》卷二）

碧眼胡僧，指菩提達磨祖師。啊！這位行蹤飄逸、德性高超的梵僧，豈是一二三四五六，這種世間有形的數目字，所能拘束得了的！這也就難怪只有一到六，而數不到第七了！

達磨祖師，曾在河南嵩山少室峰北麓的五乳峰少林寺裡，面壁九年。後來遇到神光，在雪地裡，斷臂求法。達磨接受神光作為弟子之後，為他取名慧可。

晚年，達磨心生落葉歸根的念頭，想回到遠在西域的天竺祖國。於是召來徒眾，各個報告心得。徒眾們，說了一大堆心得；得到的，卻只是達磨的皮毛和腐肉。只有慧可不言不語，禮拜一番之後，又依位而坐。達磨卻讚嘆說：「你得到了我的真髓！」

達磨於是把「正法眼藏」傳授給慧可；從此，慧可成了中國禪宗史上的第二代祖師！在這傳授禪法的當中，沒有任何語言文字，出自於慧可和達磨的嘴巴！

達磨把禪法和祖師的位置，傳授給慧可之後，真的是想回家了！然而，世間的天竺祖國容易回去；佛性如來藏心之中的天竺祖國，卻在哪裡？

啊！也許，也只有在少室峰上的五乳峰下，在不可說、不可說的傳法過程當中，達磨才能找到真正的歸依處吧！

第八則　黃鶴樓前法戰時

唐朝詩人崔顥，曾遊武昌黃鶴樓，並在樓壁上，題了一首有名的七言詩：

昔人已乘黃鶴去，此地空餘黃鶴樓；

黃鶴一去不復返，白雲千載空悠悠。

晴川歷歷漢陽樹，芳草萋萋鸚鵡洲；

日暮鄉關何處是？煙波江上使人愁！

一天，一位秀才看了《千佛名經》之後，心中有疑，因此請教景岑招賢禪師說：「在這部經裡，百千諸佛，只見到祂們的名字；不知道祂們到底居住在哪個佛國？是不是也正在普渡眾生？」

招賢禪師聽了之後，反問：「崔顥曾在黃鶴樓上，題了一首詩；你是不是也題了一首？」秀才答：「還沒有！」招賢說：「如果你有閒工夫，那也去題一首吧！」

崔顥的詩，美極了！卻無法讓人見性成佛。

噯！連見性成佛都沒有時間了，哪裡還有閒工夫，去追問千佛、萬佛住在哪裡？是否普渡眾生呢？

啊！千佛住處，還有祂們的善行，無形無相，非言語、心思所能理解；豈是一首崔顥詩，或秀才詩，所能詮釋的！

黃龍新禪師，曾為這則公案，寫了這樣的一首詩偈：

黃鶴樓前法戰時，百千諸佛豎降旗；

問渠國土歸何處？贏得多才一首詩！

（見《指月錄》卷一一）

百千諸佛在黃鶴樓前的一場戰爭當中，竟然戰敗了！祂們因此失去了居住的國土。這時，你還會問祂們：慘烈戰爭之後，你們要回到哪裡？啊！秀才畢竟沒有閒工夫，到黃鶴樓上題詩；如果去了，也許可以在詩裡，得知問題的答案吧！

第九則　總印眉毛

總印禪師，曾向徒眾們說：「說到這件事情，只要眉毛一眨，早已錯過了！」麻谷禪師，聽了就說：「眉毛一眨，就不問了！請問：什麼是這件事情？」總印說：「錯過了！」

於是，麻谷把禪床掀倒；而總印則拿起棒子便打！

啊！哪件事情這般火急，只要眨一眨眉毛，就錯過了？

這件事情，必是不可說、不可說的般若空、佛性如來藏心！只要眨一眨眉毛，就錯過了，無法見性成佛；更何況閒言閒語，說上一大堆話！

所以，天章玉禪師說：如果把這件事情高高舉起，讓它曝露在明亮亮的陽光底下，那就沒有人能理解它了！相反地，如果把這件事情放下來，它反而四平八穩，四隻腳牢牢蹋在大地上呢！天章禪師說：

放下便穩，四棱蹋地；
突出當陽，人天不會！

在一個暖風微拂的春天，夕陽正照射在那株孤竹上呢！那蔓蔓碧草呀！早已封埋了遊子歸家的石徑。有誰還會憐憫遊子歸家的心情？

遊子終於回到自己的家園了！他想在自己的家園裡，尋找春天。

然而，還來不及眨一眨眼睛上的眉毛呢！春天就已遠離了！

春天就已遠離了！啊！已經錯過了的春天，到底在哪裡？

看哪！那件事情，那件翠綠綠的事情，不正在遠處的青山上嗎！——雪刃起禪師這麼說：

暖風斜日引孤筇，石徑誰憐碧草封？
覓得家園春已去，雲山極目翠重重！
（見《宗鑑法林》卷一三）

第十則　馬駒一踏

水潦禪師問馬祖道一禪師：「達磨祖師從西天來的意旨，是什麼？」馬祖一句話也不說，就把水潦推倒在地，然後用他的腳，當胸踏住水潦。水潦因而大徹大悟。大徹大悟後，水潦從地上站了起來，呵呵大笑說：「太奇妙了！太奇妙了！百千三昧、無量妙義，只要向一毛頭上，就能認得它們的根源！」

三昧，即是禪法。一根毫毛的上面，竟然能夠含攝百千三昧，也能含攝無量無邊的美妙道理！

什麼美妙的道理？那是達磨祖師西來的意旨；那也是般若空，也是幻生萬物的佛性如來藏心呀！啊！太奇妙了！太奇妙了！

懶庵樞禪師，曾為這麼奇妙的事情，寫了一首詩：

�管釀來應已熟，不惜醉裡帽攲斜；
酴醾浪有幽香在，是酒元來不是花！

誠然，在斜戴帽子，醉眼醺醺當中，總是把酴醾酒的酒香，誤以為是花香。這就像迷失了本性的眾生，總是把萬物的本源，誤以為不是般若空，或不是佛性如來藏心一樣。

啊！當水潦吃了馬祖的當胸一踏之後，清醒了過來，才發現，原來那來自酒杯裡的香味，不是花香，而是酒香！

然而，這一毫毛頭上的萬物根源——般若空、佛性如來藏心，可以用語言文字來描述嗎？馬祖的當胸一踏，告訴了我們正確的答案：不可說、不可說！

野軒尊禪師，也為這則公案，寫了這樣的一首詩：

馬駒一蹋，驢兒倒地；

大笑起來，羊鳴犬吠！

馬駒，馬祖道一；驢兒，水潦。一蹋，一倒地；一笑，一鳴吠！也許，只有在遣蕩一切之後，才能體悟一毛頭上的萬物根源，而像羊鳴犬吠一樣的興奮吧！

第十一則 秘魔木杈

住在五臺山上的秘魔巖禪師，常常拿著一支木杈，看到有僧人來參訪，才剛剛向他禮拜呢！他就扠住來訪僧人的頸子，然後厲聲說：「哪一個魔鬼，叫你出家的！哪一個魔鬼，叫你到處參禪行腳的！你能回答這個問題，那就杈下死！你不能回答這個問題，那也杈下死！快說！快說！」

啊！達磨祖師西來的意旨，是為了傳授不可說、不可說的正法眼藏；而那些來訪僧人的出家、參禪、行腳，又為了什麼？你回答得了嗎？

霍山通禪師，顯然回答得了！當他聽到秘魔巖的言行之後，就專程來到五臺山，拜訪秘魔巖。

霍山禪師見到秘魔巖時，還沒禮拜呢！就一頭鑽進秘魔巖的懷裡。這回，秘魔巖不用木杈扠住他的頸子了！只是在霍山的背上，撫摸了三下。

霍山從秘魔巖的懷裡鑽了出來，拍手笑著說：「師兄！你把我從三千里外騙來了！把我從三千里外騙來了！」

從迢迢的三千里外來訪，卻又能在秘魔巖的木杈下逃過一劫的霍山，顯然有過人之處！原來，霍山既不回答秘魔巖的問題，也不是不回答秘魔巖的問題；他只是鑽進了秘魔巖的懷裡，和秘魔巖合而為一了！

啊！出家、參禪、行腳的高深意旨，豈能限定在能回答，或不能回答的羅籠當中！翠峰顯禪師，曾為霍山和秘魔巖具有同生同死一條心的情懷，寫了這樣的一首詩偈：

把斷重津過者難，擎杈須信髑髏乾；
霍山到後知端的，同死同生未足觀！

誠然，修行就像渡過重洋；從古至今，不知道有多少想要渡過重洋的修行人，卻死在秘魔巖的木杈下，成了乾枯的骷髏！啊！也許，只有霍山，才能了解秘魔巖的一片苦心吧！

另外，雪菴瑾禪師，也寫了一首詩頌，一方面讚美霍山，因為體悟禪法，而能顯發出大無畏的精神；另一方面，也讚美秘魔巖的寬懷大量，沒讓霍山死在他的木杈之下：

威風凜凜不容攀，跳入懷中便解顏；
不是酒腸寬似海，爭知詩膽大如山！

而翠菴琮禪師，也寫了一首詩頌，一方面，讚美秘魔巖，像是一個善釣的漁夫；另一方面，也讚美霍山，像是一隻故意上秘魔巖釣鉤的錦鯉，還一口氣吸乾了滄溟呢！翠菴琮說：

急水灘頭把釣竿，洪波洶湧暮江寒；

錦鱗也解隨鉤上，一吸滄溟徹底乾！

（見《宗鑑法林》卷二一）

第十二則　一口吸盡西江水

龐蘊居士，問馬祖道一禪師：「不與萬法為侶者，是什麼人？」馬祖答：「等你一口吸盡西江水，我再向你說！」

不與萬法為侶，不和萬事萬物在一起，超越了萬事萬物。

啊！「不與萬法為侶者，是什麼人？」是解脫者，是體悟那般若空的人，是見到了佛性如來藏心的人！

這樣的人，可以用語言文字，或用任何心思來描寫嗎？《金剛經》說：「若以色見我，以音聲求我，是人行邪道，不能見如來！」啊！解脫者，原來是不可說、不可思議的！難怪馬祖道一，不肯把答案告訴龐蘊！

啊！龐蘊就像如喪考妣的喪家，拖著風吹雨打、日曬雨淋的屍體，到處拜訪有道仙人，好為他找個好風水安葬。

無奈，龐蘊碰上的馬祖，卻是一個既愛笑，又多嘴的老道！他笑著說：噯！呀！呀！這些金、木、水、火、土的陰陽五行，怎樣才能安排妥當呢！

保寧勇禪師，就是這樣詠唱的：

風吹日炙露屍骸，泣問仙人覓地埋；
忍俊不禁多口老，陰陽無處可安排！

普菴玉禪師，也作了這樣的一首詩偈，讚嘆馬祖道一：

一口吸盡西江水，千手大悲提不起；
碓柴生花春晝長，狸奴白牯皆歡喜！

啊！一口吸盡西江水，何等氣概！連千手千眼觀世音菩薩，都提不起這一口西江水呢！這是平常凡夫，所無法做到；卻是空盡一切的馬祖道一，所顯現的廣大神通！這神通，廣大得有如石頭碓子，開起了花來！太奇妙了！太奇妙了！你看！連那狸奴貓，那白牯牛，也正高興著呢！

另外，㑊堂仁禪師，則作了下面的這首詩偈，來讚嘆空掉一切後，所獲得的無量功德：

秤錘搦出油，閒言長語休；

腰纏十萬貫，騎鶴上揚州！

（見《宗鑑法林》卷一五）

啊！可不是嗎？把煩惱油都搾乾了，在無言無語下，一個空掉一切的解脫者，不正是一個最富足、最幸福的騎鶴神仙嗎？

三、闡述「棒喝」的禪詩

第一則 臨濟拂子

臨濟義玄，是一位以「棒喝」出了名的禪師。他喜歡用棒打、用喝斥的方法教導徒弟；而這一次，則是棒子和拂子交互利用：

臨濟看見一個禪僧走過來，就把手上的拂子舉了起來。禪僧一看，便禮拜。臨濟因此打了禪僧一棒。

又有一次，另一個禪僧走了過來，臨濟又舉起拂子。禪僧若無其事的樣子，一看也不看。於是，臨濟便打。

第三次，來了另一個禪僧，臨濟還是舉起拂子。禪僧便說：「謝謝和尚的指示！」

臨濟聽了，還是棒打！

徑山杲禪師見了這則公案之後，作了這樣的一首詩頌讚嘆它：

五月五日午時書，赤口毒舌盡消除；
更饒急急如律令，不須門上畫蜘蛛！
（見《指月錄》卷一四）

五月五日，端午節。傳說，收集端午節正午的山泉或溪水，所畫出來的符咒，特別靈驗，可以去除一切邪靈穢氣。有這麼一張符咒護身，妖魔鬼怪都不敢接近，根本不需要在門上，懸掛一面蜘蛛網似的八卦鏡了！

當禮拜、不禮拜，感激和傲慢，都被般若空的巨棒，所遣蕩殆盡時，哪怕什麼邪靈穢氣，或是什麼妖魔鬼怪！所以，《般若心經》說：「依般若波羅蜜多故，心無罣礙；無罣礙故，無有恐怖。」

第二則　片月海上生．渠儂識梵書

禪僧問：「四面八方來的時候，怎麼辦？」與化存獎禪師答：「打中間的！」禪僧便禮拜。存獎自言自語地說：「昨天到一個村莊吃齋，途中遇上一陣暴風雨。所幸在一座古廟裡，躲過了這場暴風雨！」（見《指月錄》卷一七）

普化和尚常常獨自一人，手上拿著一支禪鐸，遊走在街市或墳場。他往往將禪鐸拿在半空中揮舞，然後大聲說：「明頭來，明頭打！暗頭來，暗頭打！四面八方來，旋風打！虛空來，連架打！」（見《指月錄》卷一一）

「四面八方來，旋風打！」這是普化和尚的棒喝。而存獎禪師的棒喝不是這樣，而是：「打中間的！」

只要有所執著，就必須打。明頭來、暗頭來固然要打，四面八方來或虛空來，也一樣要打！打的方式儘管不同，必然挨上一打的結果卻相同。「打中間的」；挨打的中間人，正是那個有所執著的人！

至於禪僧禮拜後，又是村莊吃齋，又是古廟避雨的，說了一堆話，不過是在表明：

自己遇到問題，而能正確回答、全身而退的意思。

啊！或許，拳打腳踢的禪機，就像突來的那場暴風雨一樣，只有在端坐著佛菩薩的古廟，才躲得過吧！

晦堂心禪師，寫了這樣的一首詩偈，來讚嘆這則公案：

一不是，二不成，落花芳草伴啼鶯；
閑庭雨歇夜初靜，片月還從海上生！

幽閒的庭院裡，參參差差、一一二二、兩兩三三的野草雜卉，已被拔除殆盡；剩下的，只有「落花芳草伴啼鶯」。也許，只有在一陣風吹雨打（棒喝）之後，明月（佛性）才能夠從平靜的海面升起吧！

另外，徑山杲禪師也寫了一首詩，讚嘆這則公案：

古廟裡頭回避得，紙錢堆裡暗嗟吁；
閑神野鬼都驚怕，只為渠儂識梵書！

（見《指月錄》卷一七）

躲在古廟裡的是閑神，嗟吁於紙錢堆中的是野鬼。這「閑神野鬼都驚怕」，怕的是什麼？怕的是，他懂得具有廣大神通的梵書！

梵，清淨的意思。清淨的梵書有何神通，讓閑神野鬼都驚怕？那是因為梵書裡，有一支巨棒，專打「中間的」！

第三則　無位真人

臨濟義玄禪師，曾告訴他的徒眾說：「赤肉團上，有一無位真人，常在你們的面門進進出出。還沒證得真理的人，請觀察看看！」

當時，有個禪僧出來問：「什麼是無位真人？」臨濟下坐，扭住禪僧大叫：「你說呀！你說呀！」禪僧不知所措，無法回答。於是，臨濟打了禪僧一掌，把他推開，然後粗聲粗氣地說：「無位真人，是什麼乾屎橛！」

無位，超越任何世間階位；真人，道家語，體悟天真、自然的人。在這裡，無位真人就是人人本有的，天然佛性如來藏心。

佛性如來藏心，常常從我們的眼、耳、鼻、舌、身、意等面門出出入入。透過眼根，無位真人見到了美善的山河大地；透過耳根，無位真人聽到了美善的風聲、水聲；透過鼻根、舌根和身根，無位真人嗅到、嚐到、接觸到美善的氣味、口味，以及堅、濕、暖、動等觸覺；乃至透過意根（思惟器官），無位真人思惟到內心中一切美善的事物。

當眼、耳、鼻、舌、身、意等六根，接觸到色、聲、香、味、觸、法等六塵時，無位真人就在這六根和六塵當中，進進出出。進到內在的六根裡，出到外在的六塵（山河大地）中。

佛性如來藏心，就是無位真人；然而，什麼是佛性如來藏心？什麼是無位真人？許多人一定以為，那是妙不可說的真如本性，那是至善至美的絕對真理。而臨濟禪師，卻一棒把這些胡思亂想打掉；他說：無位真人，不過是一小段已經乾了的大便罷了！什麼美善，什麼尊貴，什麼常住不滅，這美善、尊貴、常住不滅，全被這穢臭的乾屎橛，所棒喝掉了！

白雲守端禪師曾有一頌，讚美這則公案：

春風浩浩烘天地，是處山藏煙霞裡；
無位真人不可尋，落花又見隨流水！

什麼是無位真人？什麼是佛性如來藏心！無位真人在哪裡？彷彿是春風浩浩中，那座藏在煙霞裡的巨山呀！看見了沒？看見了沒？那落花，那落花，又隨潺潺溪水流去了！看見無位真人了沒？

保寧勇禪師，也為這則公案，詠了下面的詩頌：

播土揚塵沒處藏，面門出入太狼當；
撒屎撒尿渾閑事，浩浩誰分臭與香！

可不是嗎？野獸般狼狽骯髒的無位真人，翻土揚塵一番，想把自己藏匿起來，卻哪有那麼容易！當他在浩浩大地中，到處撒屎撒尿時，你還分辨得出哪裡是臭，哪裡是香嗎？

啊！山河大地都是佛性如來藏心的顯露，哪分辨得出什麼是尿屎，什麼是香花呢！

臨濟的無位真人，著重在人人本有的佛性如來藏心；白雲和保寧的兩首詩頌，則從「如來藏緣起」的觀點，闡述山河大地處處無非佛性如來藏心的顯露。而下面這首佛心才禪師的詩頌，也必須從「如來藏緣起」的觀點切入，才能理解：

聲色不干眼耳，天地本自同根；
巖下忽逢啼鳥，翻身又到松門！
（見《禪林類聚》卷一〇）

啊！聲色和天地，固然都是佛性如來藏心的顯露；翱翔於巖下和松門之間的飛鳥，又何嘗不是這樣！無位真人是什麼？也許，那飛鳥會告訴你答案吧！

皖山正凝禪師，也曾在禪堂上，以「如來藏緣起」的觀點，又唱又白地對弟子們說：

六月旦，夏已中。
荷華開水面，荔子映山紅。

無位真人處處相逢，
擬議，雲山千萬重！
（見《續指月錄》卷四）

盛夏，池塘裡開著荷花，山上長滿了熟得發紅的荔子；你還不知道無位真人在哪裡嗎？

無位真人在哪裡？如果你想討論一番，將它說出來，那麼，你心中的煩惱雲山，就會變得層層疊疊，千千萬萬重了！

啊！無位真人在哪裡？千萬別說出來喔！千萬別說出來喔！

第四則　滿園春草未知新

笑巖德寶禪師，在禪堂上，向徒眾們說：「有嗎？有嗎？」當時，有個禪僧聽了，從座位上站了起來，走出來向德寶禪師行禮。德寶劈脊便打，還大聲說：「幹什麼那麼多嘴！」

莫名其妙，挨了一陣打的禪僧，抗辯說：「我一句話也沒有說，怎麼說我多嘴！」

德寶聽了，又打，並警告說：「不容再犯！」

漢月藏禪師，曾為這則公案，寫了這樣的一首詩偈：

不須賓主會來親，占得神機絕法人；
雪夜梅花領春早，滿園香草未知新！

（見《續指月錄》卷一六）

賓主，客人與主人。法人，外在的事物──「法」，以及主體的自己──「人」。

不管是客人與主人，或是外在事物和主體的自己，都是相對立的兩種概念。

而至高無上的禪理，不在對立的概念之中：不在賓，不在主；不在法，不在人。

禪理超越語言文字的描寫，也超越一切心思。

啊！至高的禪理，豈是語言文字所能描寫！「有嗎？有嗎？」有至高的真理嗎？

有般若空嗎？有佛性如來藏心嗎？

不管是謙卑地禮拜，或是勇敢的抗辯，全都無法得到這些問題的答案呀！

那雪夜裡，早開的梅花，正綻放著呢！在這早春的雪夜裡，園子裡，也長滿了青翠的香草。

啊！那茂盛青翠的香草呀！你們是否可以分辨出，那是去年的梅花，或是今年的梅花，正在盛開著呢？

第五則　一喝耳聾三日去

海舟普慈禪師，江蘇常熟人，曾在寺裡聽講《楞嚴經》。當他聽到「但有言說，都無實義」一句時，自言自語地說：「今天的言說，已經太多了！」

於是，回到自己的寺裡，日夜閱讀佛經，想要從中找尋《楞嚴經》裡所謂的「實義」，因而面容日漸憔悴。

有某居士，見他面容憔悴，問他：「有病嗎？」普慈答：「沒病！只因日夜讀經，不能明瞭佛法實義，所以臉色不好罷了！」居士說：「既然是這樣，何不參訪住在杭州鄧尉山的萬峰禪師，請他開示呢？」

於是，普慈禪師來到萬峰禪師的住處參訪。萬峰問：「你到我這裡來，有什麼目的？」普慈一五一十地，說明前因後果。

萬峰聽了，劈頭打了普慈兩棒，還踢了兩腳，把普慈踢倒在地，然後大聲說：「這個就是實義！」

普慈挨打、挨踢，又挨喝，卻因而若有所省！從地上站起來後，普慈說：「好是好，但卻讓您大費一番苦心了！」

萬峰聽了，這回不再打罵了；他笑了笑，讚許普慈一番。然後，又為普慈，隨口唱了下面的詩偈：

龜毛付囑與兒孫，兔角拈來要問津；
一喝耳聾三日去，箇中消息許誰親？
（見《續指月錄》卷一二）

龜毛和兔角，都是虛幻不實的東西；天底下，哪有烏龜的毛，哪有兔子的角！把虛幻不實的東西，傳授給後代的禪師們；那些接受了龜毛的後代禪師們，又拿起虛幻不實的兔角，想要請教禪法的要津。

啊！啊！啊！這些傳授虛偽禪法的虛偽禪師們呀！你們怎麼能夠理解，不可說、不可說的「實義」道理呢！你們怎麼能夠理解，「三日耳聾」的道理呢！

「三日耳聾」的故事，發生在江西馬祖道一禪師，及其弟子百丈懷海禪師的身上：一天，百丈侍立在馬祖的身邊。馬祖用眼角，看了看掛在繩床上的一支拂子。百丈知道馬祖的意思，於是開口說：「禪法，就在拂子的作用上，但也不在拂子的作用上！」

的確，真實的禪法，無形無相，所謂「不立文字，教外別傳」。它在一切萬事萬物的上面，包括那支掛在繩床上的拂子。但是，一支無常變化的世間拂子，又怎可能侷限住真實的禪法！禪法，無所不在，而又無所在；它在拂子之上，但拂子畢竟不等於禪法！

馬祖聽了百丈的談話之後，問：「你以後有機會，打開兩片嘴皮，向人傳授禪法的時候，你要怎麼說？」

百丈聽了馬祖的問題，一句話也不說，只顧著走到繩床邊，把掛在上面的那支拂子，拿了下來，然後把它豎立起來。

馬祖看了，重複說了百丈剛剛說過的那兩句話：「禪法，就在拂子的作用上，但也不在拂子的作用上！」

於是，百丈又把豎立在手上的拂子，掛回原處去。馬祖則振威一喝，喝得百丈耳朵聾了三天！

後來，百丈向他的弟子們說：「佛法可不是小事一樁喔！老僧過去，曾被馬大師振威一喝，直得三日耳聾！」

也在百丈身邊的黃檗禪師，聽了師父的這番話之後，驚訝地把大舌頭吐了出來！

汾陽禪師，曾寫了一首詩頌，讚嘆「耳聾三日」的公案：

每因無事侍師前，師指繩床角上懸；
舉放卻歸本位立，分明一喝至今傳！

而張無盡居士，也作有這樣的一首詩偈：

馬師一喝大雄峰，深入髑髏三日聾；
黃檗聞之驚吐舌，江西從此立宗風！

（見《指月錄》卷八）

可不是嗎？住在江西的馬祖這麼一喝，住在大雄山上的百丈這麼一聾，而黃檗又這麼一驚訝、一吐舌；這一切，以棒打與喝斥聞名的江西宗，就這樣建立起來了！啊！真實的禪法，或《楞嚴經》所說的「實義」，在拂子等日常事物之上，在語言文字之上；但語言文字，或日常事物，又怎能含括至高無上的「實義」和禪法呢！

第六則 臨濟賣米

臨濟義玄禪師問院主：「從哪裡來？」院主答：「到城裡賣米，剛剛回來。」臨濟又問：「賣完了嗎？」院主答：「賣完了。」

於是，臨濟用拄杖，畫了一畫，又問：「這個可以賣嗎？」院主聽了，大聲一喝；臨濟便打。

這時，掌管床座和齋粥等雜務的典座，正好進來，臨濟把剛才發生的事情，重新拿來問典座。典座說：「院主不了解您的意思！」於是，臨濟問：「那，如果是你，怎麼辦？」典座一句話不說，只是向臨濟禮拜。臨濟看了，還是一棒打了下去！

這個可以賣嗎？院主大喝，典座禮拜，臨濟便打！喝也不是，禮拜也不是；左不是，右不是。那是什麼？也許，那是連「這個」也不是的般若空吧！啊！那是不可說、不可說的般若空！

啊！那般若空，只有在棒子打盡的情形下，才能顯現它的大用呀！

徑山杲禪師，曾為這則公案，寫了這樣的詩偈：

一堆紅燄亙晴空，不問金銀鐵錫銅；
入裡盡教成水去，那容蚊蚋泊其中！

的確，在臨濟的棒子底下，哪有一物可以存活的！

塗毒策禪師，也為這則公案，寫了這樣的詩偈：

吹毛在握逞全威，不許依門傍戶窺；
是聖是凡俱坐斷，直教千古轉光輝！

（見《宗鑑法林》卷二一）

啊！小心，小心！千萬不要靠近窗戶，偷看屋裡那握著吹毛劍的人呀！你看！那吹毛劍，正逞著森森威風呢！

那威風森森的吹毛劍，斬斷了一切事物，斬斷了凡夫和聖人！

當一切凡物和聖情，都被連根斬斷之後，看哪！那無限廣袤的太虛空裡，正閃耀著無限光芒呢！

第七則　臨濟四喝

臨濟義玄禪師，喜歡用棒打、用喝斥的方式，教導弟子禪法。

有一次，他向徒眾們說：「我有時一喝，就像金剛王寶劍；有時一喝，就像踞地獅子；有時一喝，就像探竿影草；有時一喝，不作一喝用。你們怎麼了解我所說的？」

有個禪僧，正要回答臨濟的問話，還來不及開口呢！就被臨濟大聲一喝！

金剛王寶劍，銳利無比，可以斬斷世間任何情愛煩惱。蹲踞在地上的金毛獅子，還不曾發出吼叫聲呢！威凜凜的，就能讓煩惱群獸屈服。探竿和影草，都是漁夫捕魚的器具。啊！臨濟只要發出第三喝，就知道來訪禪僧的德性、道行，好讓這些魚兒自動上釣鉤！

一喝不作一喝用，是感染風寒後的咳嗽聲嗎？或是解脫之後的歡呼聲呢？也許，只有和臨濟一樣，在大病一場之後的「過來人」，才能回答這個問題吧！

磐山修四禪師，曾為臨濟第一喝——「金剛王寶劍」，寫了這樣的一首詩偈：

金剛寶劍倚天寒，喝下分明邪正看；
擬議直教心膽喪，鋒鋩纔犯髑髏乾！

可不是嗎？那把倚天屠龍寶劍，斬斷一切邪與正、是與非。它發出凜凜寒光，哪一顆白骷髏，不感到膽喪呢！

中峰本禪師，則為第二喝——「踞地獅子」，寫了這樣的一首詩偈：

小廝兒，偏愛弄嬌。

絲毫不掛赤條條！
劣獅筋斗重翻躑，
撈得蟾蜍下碧霄！

《淮南子・精神》曾說：「日中有踆烏，月中有蟾蜍。」可見，蟾蜍指的是天上的明月。

一絲不掛、赤條條的小廝兒，正玩弄著那隻金毛獅子呢！看哪！那頑劣的金毛獅子，才這麼一翻躑，就把高高掛在天上的那輪明月，從碧霄上撈了下來！啊！太奇妙了！如此廣大的神通！

磐山修禪師，還為臨濟的第三喝——「探竿影草」，寫了這樣的詩偈：

探竿影艸露鋒鋩，真偽何曾得掩藏；
喝裡如同明鏡現，自分妍醜見乖張！

啊！明鏡當前，是美、是醜，是真、是假，哪裡逃得過它的智慧照鑑！而在第三喝下，這世界上，還有魚兒，逃得過臨濟的無情鉤鉤嗎？

另外，潭吉忍禪師，則為臨濟第四喝——「不作一喝用」，寫了這樣的詩偈：

一喝不作一喝用，佛眼窺之絕纖縫；
正使狼烟遶戶飛，羽扇綸巾自絃誦！

潭吉禪師，吟了這首詩偈之後，問：「你們說說看，憑什麼道理能夠這樣？」然後，把手上的那支拄杖，在地上頓了三下。（見《宗鑑法林》卷二一）

啊！臨濟是具備佛眼的「過來人」；來訪的禪客，也是具備佛眼的「過來人」。你還能從他們的佛眼當中，看到像纖縫一樣微細的煩惱嗎？

在這亂世當中，即使爭戰不休的狼烟，正在門口飛遶，像臨濟這樣，具備佛眼的「過來人」，仍然可以羽扇綸巾，鎮定自如地彈琴歌唱呀！

臨濟憑什麼能夠這樣瀟脫自在？潭吉禪師的答案是：那支在地上頓了三下的拄杖！啊！那拄杖，正是臨濟的第四喝——「一喝不作一喝用」呀！

第八則　臨濟示寂

臨濟義玄禪師，快要逝世（示寂）的時候，對眾徒弟說：「我死了以後，千萬不要把我的正法眼藏消滅掉呀！」三聖禪師聽了，從大眾中出來，向臨濟說：「怎麼敢消滅您的正法眼藏！」

於是，臨濟又向三聖追問：「我死後，如果有人問你：『什麼是臨濟的正法眼藏？』你怎麼回答？」

三聖一句話也不說，只大喝一聲。臨濟說：「誰知道我的正法眼藏，已經被你這隻瞎驢消滅掉了！」

啊！在三聖大聲一喝之下，豈止是臨濟的正法眼藏消滅掉了；你我的正法眼藏，也所剩無幾呢！

「不立文字，教外別傳」的正法眼藏，既然不是語言文字，或任何動作，所能含括；又豈是三聖的一喝，所能描述！

三聖一喝，像是一聲悶雷，把天上的雨水都震了下來，連那九曲黃河都快決堤了！

所幸，臨濟像是一道水門，攔下了三聖一喝之下的滔滔洪水！——普融平禪師是這麼吟唱的：

忽雷纔震雨如傾，九曲黃河漲四溟；
賴得陡門能下關，滔滔萬里絕流聲！

誰能傳授不可說、不可說的正法眼藏呢？當一切都空掉，連浩浩滄溟，都被三聖一喝所喝乾的時候，這黑漆漆的漫漫長路上，還有誰能摸索到，藏匿著正法眼藏的鐵圍山呢！——佛慧泉禪師，這樣唱著：

正法眼藏誰傳得？喝下滄溟徹底乾；
從此瞎驢無覓處，鐵山歸路黑漫漫！

啊！臨濟畢竟老婆心切，臨死前，還放心不下，再三叮嚀他的正法眼藏！怎奈，越是老婆心切，越是再三咐囑，意外的事情，越是出奇的多！

正法眼藏那件事情呀！還不如打滅燈火，一句話也不要說，暗中摸索著，反而能夠尋找得到呢！——保寧勇禪師這麼說：

出門握手再叮嚀，往往事從叮囑生；
路遠夜長休把火，大家吹滅暗中行！

臨濟那正法眼藏呀！藏匿在宇宙涯角的鐵圍山上，藏匿在隱密叢山峻嶺上的玉洞玄關裡。像蟠桃一樣芳香的正法眼藏呀！豈是習慣於語言文字，或思惟議論的凡人，所能隨手採得的！——上方益禪師這麼說：

玉洞玄關道路長，蟠桃不是等閒芳；
遮藏不許時人見，祇恐春風漏泄香！

在黑漫漫、靜悄悄，離一切言語心思的道路上，我們正尋找著正法眼藏。我們終於無聲無息地劈破了華山，終於無月無光地照開了滄海！當什麼都消滅，連正法眼藏也消滅時，大唐禪風，就被臨濟這樣建立了起來！——白雲端禪師這樣吟著：

劈破華山雷未猛，照開滄海月非光；
瞎驢滅卻正法眼，直得哀聲振大唐！

（見《宗鑑法林》卷二二）

第九則　寶壽獼猴

寶壽禪師問僧：「從哪裡來？」僧答：「西山來。」又問：「見到獼猴了嗎？」答：「見到了。」又問：「獼猴作了有什麼伎倆？」答：「獼猴的伎倆，就是知道我沒有伎倆！」寶壽聽了，便打禪僧一棒！

獼猴，最高禪理——般若空或佛性如來藏心的象徵。要見獼猴嗎？如果要見獼猴，就必須用亂棒，打得什麼伎倆也沒有！《六祖壇經》不是說過嗎？——「惠能沒伎倆……！」

汾陽昭禪師，曾作了這樣的一首詩，來讚嘆寶壽的獼猴：

舊人相見話衷心，借問西山路徑深；
對眾直言呈伎倆，紅爐煅煉要真金！

的確，寶壽和禪僧這兩個解脫者，見了面，就互道心中話了！啊！如果他們都不是過來人，在這一來一往，一問一答當中，紅爐裡還會有真金存在嗎？

另外，中際能禪師，也寫了這樣的一首詩偈，讚嘆寶壽的獼猴：

西山路上有獼猴，嘯雨哀風動客愁；
忽遇北林獅子兒，萬般伎倆一時休！
（見《宗鑑法林》卷二六）

西山路上，那隻不停哀號的獼猴，是禪僧；也是禪僧心中本有的般若空性，或本有的佛性如來藏心。

啊！這隻迷失自性的獼猴，遇到了寶壽這隻北林獅子兒，終究還是服服貼貼，什麼伎倆也耍不出來了！

第十則　紫羅帳裡撡珍珠

興化禪師，曾對徒眾們說：「長廊下也喝，後架裡也喝。各位！你們不要盲喝亂喝！就算你們把我從虛空中喝下來，摔得連一點氣也沒有，等我甦醒過來，還是會對你們說：『這樣不對！』為什麼？因為我不曾為你們，向紫羅帳裡撡珍珠。你們幹麼盲喝亂喝！」

「紫羅帳裡撡（撒）珍珠」，這是錦上添花！啊！真解脫者，哪裡需要長廊下也喝、後架裡也喝呢！真解脫者，只要像興化那樣，打開兩片嘴皮子，輕輕一喝，就已足夠。

鼓山珪禪師，曾作有一首詩偈，譴責那些錦上添花的禪僧們，把諸佛菩薩當做下人一樣地使喚呢！他說：

紫羅帳裡撡珍珠，禪客相逢總掠虛；
拍手呵呵開口笑，釋迦彌勒是他奴！

啊！禪客相逢，總是做出一些虛偽的事情！就好像在已經夠豪華的紫羅帳裡，錦上添花地撒上珍珠一樣！

你看！這些虛偽的禪客們，還自以為是使喚別人的主人呢！他們拍手呵呵大笑，還把釋迦和彌勒當做奴隸呢！

另外，徑山杲禪師，也寫了這樣的詩偈，來讚美這則公案：

對眾全提摩竭令，豈是閒開兩片皮？
喝下瞎驢成隊走，夢中推倒五須彌！
（見《宗鑑法林》卷二五）

傳說，釋迦在摩竭陀國初成道時，大梵天王為祂建了七寶堂，帝釋天神為祂建了七寶座。於是，釋迦在七寶堂裡的七寶座上，不言不語，禪坐了七日。這即是「釋迦掩室」的傳說。（見《祖庭事苑》卷一）

另外，《諸佛要集經》卷上也說：釋迦在摩竭陀國說法，眾生聽了之後，卻不肯依教奉行。於是，釋迦就在因沙舊室（譯為「石室」），禪坐三月，如果有諸天龍八部、人、非人等，想要進入舊室，都被釋迦拒絕。也許，這也是「釋迦掩室」的傳說來源吧！

日本大智禪師，在他的《大智偈頌・默山》中，曾有這樣的兩句詩：「摩竭當時行此令，崔嵬突出一尖頭！」

的確，在釋迦默然無語，不准任何人進到石室裡面去的情況下，五倍須彌山的煩惱，全被興化禪師的開口一喝，所遣蕩掉了。這時，連那石塊崢嶸的崔嵬山，也突出了石塊尖頭，你還怕不能解脫成佛嗎！

第十一則　赤肉團上壁千仞

南院禪師，曾在禪堂上，向徒眾們說：「赤肉團上，壁立千仞！」

於是，有個禪僧問南院：「『赤肉團上，壁立千仞！』這是您說過的話嗎？」南院答：「是呀！」禪僧聽了，便把禪床掀倒。南院則說：「這瞎驢，胡作非為！」禪僧想要繼續討論，南院便打他一棒。

赤肉團，肉體臭皮囊。赤肉團上，隱藏著壁立千仞的般若空理、佛性如來藏心。

這壁立千仞的般若空理、佛性如來藏心，豈是掀倒禪床或言語討論，所能描述的！難怪要遭南院一棒！

傳說，諸佛肉身上，有三十二種特徵，稱為三十二相。柔軟而帶有薄膜的兜羅綿手，是其中之一；兩眉間有白色毫毛的白毫相，也是其中之一。另外，既寬且長的廣長舌相，也是三十二相之一。

不但諸佛有三十二相，一切眾生都有本具的三十二相。四卷本《楞伽經》卷二就說：「如來藏自性清淨，轉三十二相，入一切眾生身中。」

啊！兜羅綿手擎起了日與月，廣長舌上貼著金錢！這巨靈呀！你，壁立千仞！兩眉間的白色毫毛，還放射著照徹梵天的光芒呢！

這壁立千仞的巨靈呀！鼓山珪禪師的詩偈，最是祂的知音了：

掌中擎日月，舌上覆金錢；
壁立爭千仞，毫光徹梵天！

另外，虛堂愚禪師，也曾作了這樣的一首詩偈，詠嘆般若空理，或佛性如來藏心的大戰煩惱番賊：

日月無光殺氣浮，揭天鼉鼓戰貔貅；
捷呼獲下真番將，那個兒郎不舉頭！
（見《宗鑑法林》卷二七）

鼉，動物名，又名鼉龍、豬婆龍，或揚子鱷。傳說，鼉鳴之聲如鼓，因此稱為鼉鼓。另外，鼉皮可以製鼓；所製之鼓，稱為鼉鼓。
貔貅，屬於豹科的猛獸。詩中，則用以象徵眾生心中凶猛的煩惱。
啊！這壁立千仞的巨靈，正日月無光地，大戰貔貅般勇猛的番將（煩惱）呢！
祂終於擒住了番將！這時，哪一個戰場上的兒郎，不是高高興興，神氣十足地抬頭挺胸呢！

第十二則　天童三喝

天童禪師，從外面回到龍池禪師所住持的禪寺。龍池在禪堂上，拿起拂子，問大眾：「你們有這個東西？」天童聽了，震威一喝。龍池說：「好一喝！」天童又繼續連喝兩聲，然後坐回自己的位置上。

龍池看了天童一眼，說：「你再喝喝看！」這回，天童卻不再喝了！獨自一人，默默地走出禪堂。而龍池也一句話不說，從座位上下來。

的確，「這個東西」不可說、不可說。龍池既然問得沒有道理，天童自然要連三喝了！

然而，三喝之後，第四喝即成多餘。古南門禪師，最能體會這個道理了；他這樣詠唱著：

一番風雪一番寒，寒盡春來暖你寬；
祇者何勞重舉出，驛亭西去是長安！

在連三喝之後，煩惱的寒冬已盡，春天來了！

春天既然來了，還要喝上第四聲嗎？你看！在那不遠處，不就是目的地——長安城嗎？

另外，眉伯奕禪師，也為這則公案，作了這樣的一首詩偈：

梅花叶唱一腔新，清和寥寥世罕人；
意氣還他同調者，始終敲拍總陽春！
（見《宗鑑法林》卷三七）

寒冬裡，讓我們和一首梅花新曲吧！這清和的調子，總是知音難尋呀！
然而，人人都有「這個東西」，哪一個不是彈著同一曲調的知音？啊！不管是敲，或是拍，都是在讚嘆著春天的來臨呢！

四、闡述「眾生皆有佛性」的禪詩

第一則　慧超問佛

一個禪僧問法眼禪師：「弟子名叫慧超。請問和尚，什麼是佛？」法眼答：「你是慧超！」

端師翁禪師，曾寫了一首詩頌，讚嘆這則公案：

一文大光錢，買得箇油糍；
喫向肚裡了，當下不聞饑！

一文錢，買了一個油糍吃下肚子；肚子不餓了！當慧超聽了「你是慧超」這句話後，忽然大徹大悟，體悟到自己本來是佛，圓滿具足，不假外求！

對於端師翁禪師的這首詩頌，佛果圜悟禪師曾有這樣的評論：「此頌極好，只是太拙。」然而，他卻對雪竇重顯禪師的一首詩頌，讚美有加。雪竇的詩頌是這樣的：

江國春風吹不起，鷓鴣啼在深花裡；
三級浪高魚化龍，癡人猶戽夜塘水！
(見《碧巖錄》卷一)

有人說，第一句——「江國春風吹不起」，是在讚嘆「佛是慧超」。人人是佛，是不變的道理；慧超是佛，也是不變的道理。這一不變的道理，即使是江國春風，也吹不起來！

也有人說，第二句——「鷓鴣啼在深花裡」，是指各方為了「佛是慧超」這句話，正在那裡嘀嘀咕咕，熱烈討論；這就像鷓鴣鳥，在深花裡啼叫一樣！

然而，佛果圜悟禪師，卻有不同的看法；他說：「雪竇這兩句，只是一句；要得

無縫無罅。」（見《碧巖錄》卷一）

圜悟的意思是：這兩句詩偈必須連在一起來看；它們的目的，是要我們不掉入胡思亂想的窠臼當中。就像石頭一樣，無縫無罅，沒有一絲一毫可以思索、討論的空間。「什麼是佛？」是真理之身——法身佛。法身佛，無形無相，遠離一切言語、思惟。這就像江國的春風，沒辦法吹起來一樣；也像鷓鴣鳥只敢在花叢深處啼叫，而不敢在光天化日之下啼叫一樣。啊！真佛無形無相，不可說、不可說呀！

《金剛經》裡，釋迦佛說：「若有人言，如來若來、若去、若坐、若臥，是人不解我所說義！」為什麼？釋迦接著解釋說：「如來者，無所從來，亦無所去；故名如來。」

其實，如來不但不「來」、不「去」，而且，對於祂的任何描述，都落入第二義，而不是第一義！

而詩偈的後兩句呢？雪竇重顯這樣解釋：當法眼回答「你是慧超」時，慧超聽了，就像三級浪高當中的游魚一樣，只那麼一翻身，就化成一條巨龍，大徹大悟了！而一些愚笨的癡人，只知道在語言文字堆裡咀嚼；就像半夜起來戽水，想把池水戽乾，以便抓魚，卻不知道游魚早已化成巨龍，乘風而去了！

第二則 狗子佛性

僧問趙州從諗禪師：「狗子有無佛性？」趙州答：「無！」

僧又問：「上至諸佛，下至螻蟻，一切眾生都有佛性，為什麼狗子無佛性？」趙州答：「因為牠有業識的緣故。」（見《指月錄》卷一一）

嚴康朝居士，受到應庵華禪師的指點之後，大徹大悟，因而詠出下面這首和「狗子佛性」有關的詩偈：

趙州狗子無佛性，我道狗子佛性有；
驀然言下自知歸，從茲不信趙州口！
著精神，自抖擻，隨人背後無好手！
騎牛覓牛笑殺人，如今始覺從前謬！
（見《續指月錄》卷二）

的確，隨著趙州說「無」，並不是什麼好漢！必須從自己內心深處體悟出來的道理，才是真正的道理！

啊！人人本來是佛，卻又往外求佛；這就像騎著牛尋牛一樣，笑殺人！沒道理！

第三則　子湖獰狗

子湖利蹤禪師，曾在門前立了一塊木牌，上面寫著：「子湖有一隻狗，上取人頭，中取人心，下取人足！擬議即喪身失命！」

一天，臨濟義玄禪師門下，有兩個禪僧，來參訪子湖禪師。這兩個禪僧，剛剛揭起門簾，子湖便大聲喝道：「看狗！」二僧抬頭看了一眼，子湖一語不發地回到方丈室去。

曾經有一個禪僧問：「什麼是子湖狗？」子湖答：「嗥！嗥！」禪僧不知所措，子湖便回方丈室去。（見《指月錄》卷一一）

如如居士顏丙，曾為這則公案，寫了這樣一首有趣的詩歌：

貧家無所有，只養一隻狗；
便是佛出來，也須遭一口！
（見《續指月錄》卷二）

啊！子湖養的，是什麼樣的一條狗？牠取人頭、人心、人足！牠空掉一切、遣蕩掉一切！連尊貴的佛陀來了，也要被牠狠狠地咬上一口呢！牠看起來虛妄不實，卻又真真實實地存在於那裡！子湖有一條狗；你我也有這樣的一條狗。天下一切眾生，誰人沒有這樣的一條狗呢！啊！牠到底是什麼樣的一條狗？你想討論嗎？或想試著回答嗎？小心喪身失命呀！

第四則　釋迦賣水

釋迦出家後，六年苦行，日食一麻麥，瘦得皮包骨。一日，一步一顛，走到尼連禪河的河邊喝水、沐浴，卻因體力衰弱而昏倒在地。

牧牛女發現了釋迦之後，便以牛乳灌食，才甦醒過來。

釋迦甦醒過來之後，便在一棵菩提樹下禪坐。那時，已是夜半時分，釋迦忽然看到天空中閃爍著明星，祂大徹大悟，解脫成佛了！

成佛後，遊行於恒河中、下游，或森林，或市鎮，或貧家，或皇宮，隨機說法四十九年。八十歲時，與世長辭，入涅槃於兩株娑羅樹之間。

福州雪峰北山信禪師，曾寫了一頌，讚嘆釋迦成道：

六年凍得眼無光，一見明星雪後霜；
擔水出山頻喚賣，不知江海白茫茫！
（見《續指月錄》卷三）

前兩句描寫釋迦從苦行到成佛的過程，意義淺顯。

第三句表示釋迦成佛後，開始講經說法、普渡眾生。

深山，真理之鄉！遍地都是佛性如來藏心。釋迦所說的道理，則是真理之鄉的山泉，清涼甘美！飲之大徹大悟！釋迦好心好意，從深山裡，挑了滿滿一擔山泉，下到山下叫賣。「清涼甘美的山泉呀！有人買嗎？」釋迦苦心叫賣著！

沒料到，才剛叫賣一聲，就發現：山腳下，白茫茫一片，竟是江海！江海裡，盡是淨水，清涼甘美得一如祂辛苦挑下來的山泉！

誠然，山上的釋迦固然是佛；山下的芸芸眾生，又何嘗不是天真本然佛！山上有甘美的山泉，山下又何嘗沒有清涼的江河大海！

「水呀！買水呀！」啊！苦命的釋迦！到底要把甘泉賣給誰呢？

第五則　笑入蘆花萬頃秋

滅翁文禮禪師，問一個新來的禪僧：「你叫什麼名字？」禪僧答：「智虎。」文禮聽了，後退一步，作出害怕的樣子。禪僧看了，想要進一步說話，文禮卻不理不睬，獨自一人回到了方丈室去。

石村聾禪師，見了這則公案之後，吟出下面的詩頌：

白浪堆中下一鉤，錦鱗紅尾尚悠悠；

漁翁不計竿頭事，笑入蘆花萬頃秋！

（見《續指月錄》卷四）

「我是智虎」和「慧超是佛」、「我是佛」一樣，都是人人皆有佛性、本來是佛的另一種表達。文禮禪師的裝模作樣，不過是進一步肯定這個道理罷了！

佛性如來藏心，人人本有；這一道理必須親證，並不是語言文字所能詮說。所以，禪僧想要進一步討論，文禮卻回方丈室，不理睬他。

文禮像是釣客漁翁，想釣一條錦鱗大魚；無奈錦鱗大魚卻不肯上鉤！所幸漁翁是解脫人，不計較魚餌被吃了，釣不到大魚。

你道他是失望地回方丈室嗎？啊！他是「笑入蘆花萬頃秋」呀！

第六則　鐵牛雪眠

仰山祖欽禪師到禪堂巡視，發現文定禪師裹在棉被裡睡覺。於是，祖欽把文定召到方丈室裡，厲聲問：「我巡堂，你打睡！如果你能說出個道理，我就放過你！如果說不出道理，就趕你下山！」

文定聽了，隨口唱了下面這首詩歌：

鐵牛無力懶耕田，帶索和犂就雪眠；
大地白銀都蓋覆，德山無處下金鞭！

祖欽禪師聽了，讚美說：「好個鐵牛！」從此，文定禪師得了一個外號——鐵牛！（見《續指月錄》卷六）

雪地鐵牛，自然是佛性如來藏心的象徵。文定裹著棉被睡覺，雪地鐵牛則帶索和犂地，被困在煩惱堆裡。祖欽想找藉口懲罰偷懶的文定；然而，大雪已經覆蓋了鐵牛，厚厚的一層白雪，哪怕是最喜歡打人的德山宣鑑禪師再世，也無處下鞭呀！

皚皚白雪，若是覆蓋佛性如來藏心的肉體臭皮囊，金鞭打得了臭皮囊，打得了藏在臭皮囊裡的佛性如來藏心嗎？反過來，皚皚白雪，若是能讓佛性如來藏心脫困的般若空慧，金鞭又奈般若空慧何！

打不得，打不得！唉！不得已，祖欽只好讚美一句了！

唉！「好個鐵牛！」

第七則 裴休安名

裴休是唐朝宰相，一日，捧了一尊佛像，跪在黃檗禪師面前，說：「請和尚為這尊佛像安名！」黃檗叫了一聲：「裴休！」裴休答：「在！」黃檗說：「我已經為你安名了！」裴休因而禮拜。

佛像名裴休，裴休本是佛。裴休不是馬屁精；他禮拜，有他的道理，不是胡亂阿諛！

汾陽昭禪師，特別為這則公案，寫了這樣的一首詩歌：

師前跪托請安名，驀地當鋒喚一聲；
不是裴公誰敢應？直教聾瞽也開聽！

佛印元禪師，也曾為這則公案，吟了這樣的詩歌：

裴相當時忘卻名，被人喚著又惺惺；
不知未具胞胎目，誰敢塗糊此性靈！

忘了姓名、迷失本性的裴休，被黃檗大聲一叫，終於清醒過來。然而，「不是裴公誰敢應」！為什麼？是因為他官大權威大？或是因為他和一切眾生平等，全都是佛？另一方面，若不是具足佛眼胞胎目的黃檗，又有誰膽敢直呼裴休的姓名！他叫一聲：「佛！」他應一聲：「在！」不管是「在」或是「佛」，都叫聾子開了耳、瞎子開了眼！

楚安方禪師，也吟了這樣的詩偈，讚嘆這則公案：

捧來前面請安名，黃檗高高喚一聲；
剖出從前真面目，從茲佐得國風清！
（見《禪林類聚》卷二）

黃檗為相國裴休，剖出了父母未生前的真面目，輔佐皇帝，國泰民安。試問：被輔佐的皇帝是誰？什麼國？什麼民？國為何泰？民因何安？

第八則　丫角女子懷胎

僧問趙州從諗禪師：「如何是清淨伽藍？」趙州答：「丫角女子！」僧又問：「如何是伽藍中人？」趙州答：「丫角女子懷胎！」

伽藍，僧伽藍摩的略稱，譯為眾園，即僧人所居住的寺院。外在的伽藍，供奉著木雕泥塑的佛像。我們的肉體臭皮囊裡，也是一座清淨伽藍，供奉著佛性如來藏心！

這就像丫角女子懷胎一般；丫角女子的身體是清淨伽藍，肚皮裡的胎兒，則是佛性如來藏心！

而那聖胎，哪天才能呱呱落地？落地後，走了七步，步步生蓮；然後佇立在第七朵蓮花上，一手指天，一手指地，篤定地說：「天上天下，唯我獨尊！」

汾陽昭禪師，曾有一頌，讚嘆這則公案：

橫胃抱腹藏龍種，刻膽披肝觸鳳胎；
勿謂此兒容易得，須知出自痛腸來！
（見《禪林類聚》卷三）

啊！人人皆有佛性；問題是：必須遇上膽敢剖膽披肝的神醫，讓你痛上一陣，龍種鳳胎才能出世呀！

第九則　夜夜抱佛眠

南北朝的傅翕大士，曾寫有這樣的一頌：

夜夜抱佛眠，朝朝還共起。
起坐鎮相隨，語默同居止。
纖毫不相離，如身影相似。
欲識佛去處，祇這語聲是！

身心中，天真本然的佛陀，鎮日（終日）和我們一齊吃飯、睡覺、起起坐坐。然而，這尊天真本然的佛陀，祂在哪裡？

傅大士回答說：能夠追問「祂在哪裡？」的聲音，就是佛！

當保寧勇禪師，讀到傅大士的這首詩偈之後，也寫下了一首有趣的詩偈讚美它：

要眠時即眠，要起時即起。
水洗面皮光，啜茶濕卻嘴。
大海紅塵生，平地波濤起。
呵呵呵呵呵！囉哩哩囉哩！

（見《禪林類聚》卷八）

睡覺、起床、洗臉、吃早點、喝早茶，這都是平平凡凡的日常事務。然而，在平平凡凡的事務當中，卻隱藏著不可思議的佛性如來藏心。

看呀！大海裡竟然生起了陣陣紅塵！聽呀！那平地上洶湧的波濤！一點都不起眼的臭皮囊裡，竟然含藏著不可思議的佛性如來藏心！太美妙了！太美妙了！

「呵呵呵呵呵！囉哩哩囉哩！」我非要為它高歌幾聲不可！

第十則　彌勒布袋

五代時，有個布袋和尚，不知何許人也！笑瞇瞇，胖嘟嘟，袒胸露乳，邋里邋遢。常拿一根拄杖，挑一個布袋在背上，到處向人乞討。討來的食物或用品，一時食用不完，就往布袋裡一塞，因此人稱布袋和尚。

他的布袋，顯然不是普通之物。因為，他曾為他的布袋，唱了這樣的一首歌：

我有一布袋，虛空無罣礙；
展開徧十方，八時觀自在！

十方，東西南北、四維、上下。八時，印度民間，將白天和晚上，分別分成四個時辰，合為八時。

空間的十方，時間的八時，這個布袋都能自自在在，而無罣礙！你說，這布袋，豈是普通布袋！

布袋和尚是個喜歡吟詩歌唱的禪僧，他曾作有下面這首美麗的四句詩：

一鉢千家飯，孤身萬里遊；
青目覩人少，問路白雲頭！

他逝世前，吟了一首詩頌，暗示他是彌勒菩薩的化身；因此，後人就以他的畫像，當做彌勒菩薩供奉。這是為什麼彌勒菩薩，會從印度原來的清瘦身材，一變而成胖嘟嘟、笑瞇瞇的原因。這首詩頌是這樣的：

彌勒真彌勒，分身千百億；
時時示時人，時人自不識！

他還吟了下面這首詩偈，顯然，它是在讚嘆人人本來是佛：

吾有一軀佛，世人皆不識。
不塑亦不裝，不雕亦不刻。
無一滴灰泥，無一點彩色。
人畫畫不成，賊偷偷不得。
體相本自然，清淨非拂拭。
雖然是一軀，分身千百億。
（見《指月錄》卷二）

第十一則　死貓兒頭

僧問曹山本寂禪師：「世間什麼東西最貴？」曹山答：「死貓兒頭！」僧又問：「為什麼死貓兒頭最貴？」曹山答：「因為從來沒有人出得了價錢！」

問話的禪僧，想請教世間最珍貴的佛性如來藏心，卻被曹山潑一盆冷水，說什麼死貓兒頭最貴！

這僧還不死心，又死釘著曹山問：為什麼？為什麼？曹山答：因為沒有人出得了價錢！

死貓兒頭，既然沒有人出價，那麼，它既不是昂貴，也不是便宜。試問：若是我家主人問將起來，怎麼說它呢？說它便宜也不是，說它昂貴也不是！

說它東也不是，說它西也不是；說它大也不是，說它小也不是；說它青、黃、赤、白，說它甲、乙、丙、丁、戊、己、庚、辛，全都不是！那麼，它到底是什麼？

它到底是什麼？它是腥臊洪爛，還直淌著污血，沒有人要的死貓兒頭！它是超越世間所有珍寶的佛性如來藏心！

丹霞淳禪師顯然最識貨了！他說：

腥臊洪爛不堪親，觸動輕輕血污身；
何事杳無人著價？為伊非是世間珍！
（見《虛堂集》卷三）

第十二則　千聖同歸一路行

楚安慧方禪師，乘商船，過沔水，到湘南（湖南）。船上，遠遠聽到岸上有人操著鄉音，大聲說：「叫哪！」慧方禪師因而開悟，並且詠了下面的這首詩頌：

沔水江心喚一聲，此時方得契平生；
多年相別重相見，千聖同歸一路行！
（見《續指月錄》卷一）

在水波粼粼的江心，聽到了來自故鄉的呼喚聲，才忽然見到久別重逢的鄉親。啊！鄉親呀！鄉親！原來諸佛菩薩，都搭乘過同一條歸鄉的船，都航行過同一條歸鄉的路呀！那鄉親，遠遠地站在江岸上；而實際上，卻在我深深、深深的心田裡！

第十三則　一粒粟中藏世界

呂巖道人，字洞賓。唐末三次入京考試，三次都未中第。正失意中，偶然遇到了道士鍾離權，傳授他長生不老之術，修煉而成八仙之一。

呂道人曾遊覽廬山歸宗寺，在歸宗寺的鐘壁上，寫了這樣的一首詩：

一日清閒自在身，六神和合報平安；
丹田有寶休尋道，對境無心莫問禪！

的確，道，就在自己的丹田之中；而禪是什麼？是面對外境，而又不起心執著外境。只要清清閒閒，心中沒有任何的煩惱，身體又健健康康，那麼，尋什麼道！問什麼禪！《六祖壇經》不也這麼說嗎？「心平何勞持戒！行直何用修禪！」

有一天，呂道人路經江西黃龍山，發現黃龍山上瑞氣千條，懷疑山上必有高人居住。於是，直入黃龍山上探尋，恰好碰到黃龍誨機禪師，擊鼓召集寺僧，到禪堂裡習禪。呂道人於是也混入眾僧群中。

黃龍禪師，看見眾僧當中，有個陌生人，心想必是耳聞多時的呂巖道人；於是，故意大聲說：「大家注意！有人想要偷竊禪法！」

呂道人眼見行跡敗露，毅然從眾僧當中走了出來，然後問：「一粒粟中藏世界，半升鐺中煮山川。請問：這是什麼意思？」黃龍聽了，指著呂道人，大聲說：「你這守屍鬼！」

呂道人也不甘示弱地回了一句：「你罵我守屍鬼？怎奈我囊中，有長生不死藥！」黃龍又訓斥說：「縱使讓你活過八萬劫，終歸還是要落空呀！」

呂道人聽了，有點驚訝。於是，拿出隨身携帶的一把劍，想刺進黃龍禪師的脅下，卻怎麼也刺不進去！呂道人因而知道，黃龍禪師不是普通人物。於是，向黃龍禪師禮拜，請求指示。

黃龍禪師問：「你所謂的『半升鐺中煮山川』，就暫且不追問你了！我問你：什麼是『一粒粟中藏世界』？」呂道人聽了，大徹大悟！

大徹大悟後，呂道人作了下面的這首詩歌：

棄卻瓢囊摵碎琴，如今不戀汞中金；
自從一見黃龍後，始覺從前錯用心！

（見《指月錄》卷二二）

鐺，有腳的鍋子，一般是用來煎藥；而呂道人，卻用來烹煮山河大地！

這自然不是一般的鍋子，而是道家所謂先天先地、無所不包、無所不容的「道」，也是禪門所說佛性如來藏心。

粟米，極為細小的植物種子。這樣細小的種子，能把廣袤無邊的世界，含藏在裡面，自然也不是普通的粟米！它依然是道家的「道」，或是禪門的佛性如來藏心！

「一粒粟中藏世界」是什麼意思？「半升鐺中煮山川」又是什麼意思？這似乎是兩個不同的問題，實際上只是相同的一個問題：「道」生起萬事萬物，或佛性如來藏心生起萬事萬物，到底是什麼意思？

道或佛性如來藏心，生起萬事萬物，到底是什麼意思？

這個問題不會有答案。這就像「如何是佛？」「狗子為什麼無佛性？」乃至「什麼是無位真人？」等等問題一樣，沒有答案！

啊！超越世間一切語言和思惟的「道」，或佛性如來藏心，豈是三言兩語，就能問出它的緣由？

黃龍責怪呂巖道人是個守屍鬼，原因就在這裡；因為，呂巖道人問了一個沒有答案的問題。

黃龍重複問了「一粒粟中藏世界」的意思是什麼？呂巖道人因而大徹大悟；這又為什麼？原因也在這個問題沒有答案之上！呂巖道人，終於悟到了這個問題的根本不存在！

呂巖道人說他過去錯用心；見了黃龍禪師之後，他拋棄了瓢囊、古琴這些修道的撈什仔，再也不煉什麼不死仙丹了！

然而，他到底從「一粒粟中藏世界」的問題當中，或從「半升鐺中煮山川」的問題當中，得到了什麼答案？

啊！那不死仙丹，呂巖道人真的不煉了嗎？

第十四則　春天月夜一聲蛙

宋朝的無垢居士張九成，曾拜訪寶印明禪師，向他請教入道的方法。寶印說：「像這種事情，只有把它一直擺在心裡，不要忘掉。久了，自然純熟。等到時節到來，自自然然就悟入了！」

寶印向無垢居士開示之後，又教他參究「庭前柏樹子」的公案；但是，無垢居士的道業，卻一直沒有進步。因此，辭別了寶印禪師，來到善權清禪師這裡參訪。

無垢居士問：「這種事情，是不是人人有分，個個圓成？」善權禪師答：「是的！」無垢居士又問：「那我為什麼一直無法悟入？」

善權禪師，於是從袖子裡，拿出一串佛珠，問無垢居士：「這是誰的佛珠？」無垢居士，一時之間，無言以對。

善權禪師，又把袖中的佛珠，再次拿了出來，然後說：「如果這是你的，那就拿去吧！只要你有所疑慮，有所思惟，它就不是你的了！」無垢居士聽了，不覺感到悚然心驚！

一天夜裡，無垢居士起來上廁所，心裡正參究著「庭前柏樹子」的公案呢！忽然，聽到一聲蛙鳴聲，不覺大徹大悟！還隨口誦出了下面的詩句：

春天月夜一聲蛙，撞破乾坤共一家；
正恁麼時誰會得？嶺頭腳痛有玄沙！

（見《指月錄》卷三二）

「庭前柏樹子」，是一則發生在趙州從諗禪師身上的有名公案：

禪僧問趙州：「達磨祖師，從西域來的意旨，是什麼？」趙州答：「庭前柏樹子！」禪僧抱怨說：「我問的是內心的真理；和尚怎麼拿外境回答我呢？」趙州說：「好吧！好吧！你再把問題說一遍，我不拿外境回答你就是了！」

於是，禪僧又問了相同的問題：「達磨祖師，從西域來的意旨，是什麼？」答應不拿外境回答問題的趙州，這回的答案仍然是：「庭前柏樹子！」（見《指月錄》卷一一）

「祖師西來意」，象徵人人本有的佛性如來藏心。然而，人人本有的佛性如來藏心，在哪裡？就在庭前柏樹子上！

許多人像那禪僧一樣，懷疑外在的庭前柏樹子，怎麼會是內在於心深處的佛性如來藏心？然而，趙州卻告訴我們：內在與外在，一體而不可分割。內在的佛性如來藏心，就是外在的庭前柏樹子；外在的庭前柏樹子，就是內在的佛性如來藏心！既是浩瀚乾坤，豈有裡外之分！

其實，人人本有的佛性如來藏心，豈止是在庭前柏樹子上；它也存在於春夜裡，那清脆的蛙鳴聲上呀！

啊！那一聲清脆的蛙鳴，打破了乾坤；從此，哪分辨得出什麼是內在的佛性如來藏心，什麼是外在的庭前柏樹子！

像這樣的道理，有誰能夠了解呢？也許，只有嶺頭腳痛的玄沙禪師吧！

《正法眼藏》說：玄沙師備禪師，原本拜在雪峰義存禪師門下，在象骨山清修。一天，突然想要到處行腳參訪明師。於是，拿著水囊，離開了雪峰。才出了嶺頭，玄沙的腳指，就碰到尖物，流血疼痛。不覺嘆了一口氣，說：「一切皆空，色身也是空，疼痛到底從哪裡來？」於是，玄沙又折回雪峰禪師身邊，跟隨雪峰習禪。後來，成了一位大禪師。

無垢居士初參寶印，寶印教他參究「庭前柏樹子」公案。無垢居士卻不安於室，跑到善權那裡參禪。

善權教給無垢居士，佛性如來藏心的佛珠道理，無垢居士卻又回頭參究寶印所教的「庭前柏樹子」公案。如此三心兩意、反反覆覆，無垢居士竟然也能大徹大悟！

逃離師門，卻又浪子回頭，流了一腳鮮血的玄沙呀，玄沙！啊！你真是無垢居士的知音呀！

第十五則　一聲寒雁叫

遯庵祖珠禪師，在禪堂上，向弟子們說：「不是心，不是佛，不是物！瀝盡野狐涎，趯翻山鬼窟。平田淺草裡，露出焦尾大蟲！太虛寥廓中，放出遼天俊鶻！阿！呵！呵！露風骨。等閒拈出眾人前，分明是何物？咄！咄！」

不是心，不是佛，也不是物；那到底是什麼？是超越任何語言文字和思惟的佛性如來藏心！

啊！即使是野狐狸流盡了口水，說破了嘴，還趯翻了山鬼窟，也說不出什麼是佛性如來藏心呀！

你看！當一切心思止息，一切言語道斷之時，在那田邊淺草裡，不是有一條天真本然的大蟲，露出焦黑色的尾巴嗎？那寥廓的太虛空中，不是也有一隻風骨巍巍的遼天俊鶻，正悠閒地飛翔著嗎？

人人本有的如來藏心在哪裡？在哪裡？你看見了嗎？你看見了嗎？

遯庵祖珠禪師，顯然看見了，否則，他一定說不出這樣的話來！有一次，他還在禪堂上，向他的弟子們，唱了這樣的一首詩偈：

玉露垂青草，金風動白蘋；

一聲寒雁叫，喚醒未惺人！

（見《續指月錄》卷二）

那天真本然的寒雁呀！佇立在垂著滾滾露水的青草叢裡，佇立在金風輕拂的白蘋裡，牠天真本然地叫了一聲，聲聲震懾人心！

啊！未惺人！你聽見了嗎？你聽見了嗎？

不是心，不是佛，不是物；是般若空，是佛性如來藏心！這不是遯庵祖珠禪師的發明，而是馬祖道一禪師所首倡。

早年，馬祖道一禪師教導弟子們，參究「即心即佛」的道理。後來，卻又教導弟子們，參究「非心非佛」的道理。

一天，有個禪僧，問馬祖道一：「和尚為什麼說即心即佛？」馬祖答：「為止小兒啼！」又問：「啼止時，如何？」馬祖答：「非心非佛！」

原來，馬祖教導弟子，參究「即心即佛」的目的，只是為了讓哭鬧不停的小孩，停止哭鬧罷了！一等到小孩不再哭鬧時，馬祖就教導弟子，參究「非心非佛」的道理了！

《涅槃經》說：慈母採下一片枯樹上的黃葉，拿給哭鬧不停的小孩，然後逗著說：「乖！乖兒子！這是黃金片子！這是黃金片子！」涉世不深的小孩，信以為真，因而停止哭鬧。

《涅槃經》還說：佛陀就像慈母採黃葉，逗哭鬧的小孩；祂宣說一些道理不究竟的經教，為的是要方便接引那些像小孩一樣，初步接觸佛法的眾生。

這樣看來，「即心即佛」的道理，只是馬祖道一「黃葉止啼」的方便教學而已！心，即是佛；這是四卷本《楞伽經》裡的佛性如來藏心的思想。而真理既非是心，也非是佛，則是《金剛經》裡般若空的精髓。這二者，哪有先後，哪有重要或不重要的差別！不管是「即心即佛」，或是「非心非佛」，其實都是馬祖道一的方便接引罷了！因此：

禪僧又向馬祖繼續追問：「如果這兩種人之外，來了第三種人，請問：怎麼接引他呢？」馬祖道一答：「向他說：『不是物！』」（見《指月錄》卷五）

「不是物！」那麼，是什麼？是不可說、不可說的般若空，是超越一切思議的佛性如來藏心！啊！佛性如來藏心；這豈是心、佛或物這幾個字詞，所能描繪的！

肯堂充禪師，曾為馬祖的「即心即佛」，寫了這樣的一首詩歌：

美似楊妃離玉閣，嬌如西子下瓊樓；
日日與君花下醉，更嫌何處不風流！

啊！啊！像楊貴妃一樣美麗的般若空呀！像西施一樣嬌柔的佛性如來藏心呀！它人人本有，它人人具足。它天天陪伴著你，在花下共醉；你還嫌它什麼！

另外，牧菴忠禪師，則對馬祖道一的「非心非佛」，寫了這樣的一首詩歌：

二月風光景氣浮，少年公子御街遊；
銀床踞坐傾杯酒，三個孩童打馬毬！
（見《指月錄》卷五）

唉！般若空和佛性如來藏心，豈是心、佛二字，所能描述！豈是非心非佛一句，所能說明！又豈是「不是物」一句，所能詮釋！

「即心即佛」、「非心非佛」、「不是物」這三句像極了三個打馬毬的孩童，只不過是禪師遊戲人間、方便渡眾的手段罷了！

在這景氣浮虛的二月天裡，還管它什麼般若空，或什麼佛性如來藏心！就讓我坐在銀床上，飲酒作樂，欣賞那些未經世面的少年公子和孩童們，天真浪漫地遊玩吧！

五、闡述「如來藏緣起」的禪詩

第一則　有物先天地

善慧大士，本名傅翕，人稱傅大士，南北朝人，曾受請為南朝梁武帝講《金剛經》。

大士才升講座，就拿起一把尺，往講桌揮了一揮，然後一言不發地下座。武帝感到錯愕，身旁國師問：「陛下懂他的意思嗎？」武帝答：「不懂！」國師說：「大士已經講完了《金剛經》！」

《金剛經》的主要內容是般若空；在般若空中，一切事物都不可說、不可說。因此，傅大士的默然不說，是真般若！

傅大士留下許多詩偈，前面我們已經介紹過其中兩首。底下是另外一首：

有物先天地，無形本寂寥；
能為萬象主，不逐四時凋！
（見《指月錄》卷二）

比天地宇宙還要早存在，它無形無相、寂寂寥寥，它是差別萬象的主體，卻又不跟隨春、夏、秋、冬等四時而生生滅滅。這樣的「物」，是什麼？是佛性如來藏心！佛性如來藏心，先天先地，無形無相，常住不變；卻又幻化成差別萬象。啊！山河大地、花草樹木，有情無情，哪一樣不是由佛性如來藏心所幻生！

第二則　可貴天然物

寒山子，不知何許人也！因為住在浙江豐縣境內的寒巖，人稱寒山子。寒山子常到國清寺，向打雜的寺僧拾得，乞討殘羹剩餚充饑。

寒山子，終日邋邋遢遢、瘋瘋癲癲，或在走廊下緩緩而行，或仰望天空大聲叫罵。寺僧用拄杖追趕他，他則拍手大笑而去。

寒山子工於詩歌，逝世後，有人或在林間樹葉上，或在村墅屋壁上，抄得詩作三百多首，刊行於世。下面是其中的一首：（見《寒山詩》，臺北：漢聲出版社，一九七一年，頁一六九～一七〇）

可貴天然物，獨立無伴侶；
覓他不可見，出入無門戶。
促之在方寸，延之一切處；
你若不信受，相逢不相識。

顯然，這是在描寫佛性如來藏心。說它小，小得隱藏在方寸之中；說它大，大到遍及宇宙一切處，因為一切事物都是佛性如來藏心的顯露。

明朝的楚石梵琦禪師，曾為寒山子的這首詩偈，寫了下面的詩偈：

青山與白雲，可作高人侶；
風月兩無心，時時到窗戶。
幾多塵外客，未識幽深處；
自古優曇花，無緣不能遇。

而明朝的石樹濟岳禪師，也為這首寒山詩，寫了下面的詩偈：

性情既寡合，雲水遂成侶；
松柏為衣食，石巖作牖戶。
意超非想時，句到無言處；
次第四時花，未開心已遇！

寒山說：佛性如來藏心，孤孤單單，沒有任何伴侶。它進出於我們的身體和外在世界之間，但卻無形無相，想找也找不到它。

梵琦說：青山與白雲，都是佛性如來藏心所幻生；它們不正是高人最好的伴侶嗎？看哪！清風和明月雖然都是無情，卻常到窗前探望我。寒山子呀！寒山子！你怎麼說我孤孤單單的呢！

而石樹則說：既然和凡夫俗子性情不合，就不妨孤孤單單的，以浮雲、流水為伴侶，以松柏為衣食，以石巖為窗戶吧！事實上，浮雲、流水、松柏、石巖，都是如來藏心的顯露呀！（以上前四句詩）

其次（後四句詩），寒山說：佛性如來藏心，小可小到方寸之間；大可大到遍一切處。它雖然孤孤單單，無形無相，但卻無所不在，無所不是。

楚石說：太多太多執著紅塵、不識真理的塵外客，不能體會幽深的佛性如來藏心；因為，從古至今，千年難得一開的優曇花，總是要靠緣分，才能欣賞得到呀！

而石樹則說：我們的心意，如果超越了沒有任何心思、言語的非想非非想天，那麼，一切事物都不須用語言文字來表達了。千年優曇固然要靠緣分，才能欣賞；然而，即使春花未香、夏花未開、秋花未放、冬花未綻，只要體悟人人本具的如來藏心，心裡的花朵不是早已綻放了嗎？

第三則 寒山月輪

寒山子曾把如來藏心，比喻為寒山頂上的明月。只可惜，這本性光明的無價寶，卻被色、受、想、行、識等五陰所纏裹，不得超脫。其中，五陰，是組成肉體臭皮囊的五種元素。

寒山子的比喻是這樣的：

寒山頂上月輪孤，照見晴空一物無；
可貴天然無價寶，埋在五陰溺身軀！

楚石禪師，針對寒山這首詩，作了這樣的偈頌：

此身閒逐片雲孤，明月清風何處無？
盡大地人教作佛，一莖草上一金軀！

而石樹禪師，也有這樣的一首：

兩莫雙兮一莫孤，鎮州道有趙州無；
天高雁影分商北，交頸鴛鴦不露軀！
（見《寒山詩》，頁一九六）

寒山詩，從佛性如來藏心被五陰煩惱所覆蓋的觀點出發。楚石詩，則從「如來藏緣起」的角度來詮釋；他說：佛性如來藏心，既然幻生山河大地，那麼，天上的孤雲和明月、地上的清風和花草，哪樣不是佛性如來藏的顯露？你看！遍大地不都是佛嗎？啊！每一莖草上都有一尊佛的金軀呀！

而石樹詩，一方面從萬物同根、無有差別的觀點，來詮釋「如來藏緣起」的道理。二方面又從唯一的根源——佛性如來藏心，卻具有差別萬象的角度來闡述。

如果從同一根源的觀點來看萬物，那麼，它們都歸到佛性如來藏心當中，無有「兩」或「雙」的差別。

相反地，如果從差別萬象的觀點來看佛性如來藏心，那麼，它幻生山河大地，怎麼可以說它是「(獨)一」，或是「孤(單)」呢！

一方面說「兩」、說「雙」，二方面又說「一」、說「孤」，彷彿有矛盾，實則無矛盾。這就像同樣的佛性道理，鎮州臨濟義玄禪師說「有無位真人」，而趙州從諗禪師卻說「狗子無佛性」一樣，似乎有什麼矛盾；但實際上卻沒有任何的矛盾可言。

如果你不相信矛盾中實無矛盾的道理，那麼，就看看天空中那隻雁鳥吧！雖然只是孤單單的一隻，卻有時在南方看到牠，有時在北方看到牠！你能說：「一」不是「多」嗎？

再看看草叢裡，那兩隻正在交配的鴛鴦吧！牠們的身體隱藏在草叢裡，成了一體，連露在外面的兩支長長的脖子，也交叉在一起呢！你能說「多」不是「一」嗎？

啊！獨一無二的佛性如來藏心，卻幻生出千差萬別的山河大地；千差萬別的山河大地，卻顯露著獨一無二的佛性如來藏心。你能說「一」不是「兩」、「雙」不是「孤」嗎？

第四則　盤山求心

盤山寶積禪師曾向弟子們，問了一個富有深意的問題：「三界無法，何處求心？」三界，欲界、色界、無色界；是佛典中所記載的，三個不同性質的宇宙範圍。欲界，男女欲望特別強盛的眾生；色界，物質享受特別豐富的眾生；無色界，已經超脫物質束縛的眾生。

佛典中闡明：「三界無法。」欲、色、無色，這三界皆空，沒有一法真實。另一方面，禪門則強調：「見性成佛」、「明心見性」。所要見到的「性」，是佛性；所要明瞭的心，則是如來藏心。

問題是：這絕對無上、至善至美的佛性如來藏心，在「三界無法」的體悟之下，也無非是空！既然是空，那麼，佛性在哪裡？佛心在何處？

盤山拋出這個難題之後，還覺得不夠；於是，又問了另一個難題：「四大本空，佛依何住？」

四大，地、水、火、風；組成宇宙萬物的四種基本元素。佛典說：一切皆空，這四大也是空！

既然「四大本空」，也就沒有由它們所組成的山河大地，或佛國、淨土。既然沒有佛國、淨土，那麼，西方極樂淨土真實存在嗎？東方娑婆佛國真實存在嗎？如果不是真實存在，請問：娑婆世界的釋迦牟尼，住在哪裡？西方極樂世界的阿彌陀佛，住在哪裡？

「三界無法，何處求心？四大本空，佛依何住？」盤山連著拋出了兩個難題，卻害怕沒人可以回答。於是，他自問自答說：「璿璣不動，寂爾無言；覿面相呈，更無餘事！」（見《指月錄》卷九）

璿璣，北極星。古代的星象學家以為，北極星永遠不動。盤山以不動的北極星，象徵「寂而無言」，不可說、不可說的永恒真理。他問：永恒的真理——佛性如來藏心，存在於哪裡？永恒真理的體悟者——佛，居住在何處？而他自己的回答則是：「覿面相呈，更無餘事！」

覿面，面對面地相見。盤山回答說：面對面時所見到的事事物物，就是永恒的真理——佛性如來藏心，就是永恒真理的體悟者——佛！

面對面時所見到的事事物物，就是永恒的真理；永恒的真理，存在於我們所見、所聽、所嗅、所嚐、所觸、所思的事物之中。為什麼？因為它們都是佛性如來藏心的顯露。

掩室善開禪師，想必最能體會盤山的本意了！他曾寫了這樣的一首詩頌，讚嘆盤山的說法：

山舍無塵分外清，石榴花發透簾明；
槐陰滿地日卓午，夢覺流鶯時一聲！

的確，心在哪裡？佛依何住？心、佛就在無塵的山舍中，就在透著窗簾看到的石榴花中，就在正午時分滿地的槐蔭中，就在驚醒睡夢的流鶯啼叫聲中！

愚谷囦禪師，也寫了一首相同意趣的詩頌，來讚美盤山：

依依楊柳欲藏鴉，社後東風捲落花；
理策邀朋何處好？山南山北看桑麻！

哪裡是邀請友人，悠遊於佛性如來藏心之中的好地方呢？也許，就在藏著烏鴉的楊柳裡，就在土地廟後的落花紛飛裡，就在山南山北的桑麻裡！

而雪竇重顯禪師，也寫了下面的這首詩，讚美盤山：

三界無法，何處求心？
白雲為蓋，流水作琴！
一曲兩曲無人會，
雨過夜塘秋水深！
（見《指月錄》卷九）

一切都空，連心、佛也空。請問：心在哪裡？如果連心都找不到，如何見性成佛、明心見性？

雪竇回答：像蓋子一樣的天上白雲，不就是心嗎？像古琴一樣淙淙流著的河水，不就是心嗎？它彈了一曲又一曲，「時時示時人」，卻沒有人理解。啊！夜深了，秋雨正滴滴答答下在池塘裡呢！你聽見了嗎？你聽見了嗎？

另外，佛性泰禪師也有同樣意趣的詩頌，讚美盤山：

三界無法，何處求心？
山容雨過，松韻風吟。

橫眠倒臥無餘事，
一任莓苔滿地侵！

而佛鑑懃禪師，也有一頌：

青青入座當軒竹，黯黯遮門對面山；
更有一般堪羨處，夜深流水響潺潺！
（見《禪林類聚》卷一〇）

啊！雨後青山，青山上的松韻風吟，林子裡長滿大地的莓苔，乃至從窗子映入室內座椅上的翠竹，連大門都遮住了的對面青山，還有，深夜裡潺潺的流水，這一切，不都是佛性如來藏心嗎？

第五則　雲在青天．水在瓶

唐代文豪李翱太守，嚮往藥山惟儼禪師的高風亮節，屢次禮請禪師到府，卻未順心如願。於是，李翱只好親自來到藥山所住持的禪寺拜訪。

藥山手中拿著經卷，裝做沒有看到來訪的李翱。侍者向藥山引薦說：「這位是李太守！」藥山還是不理不睬。

李翱性子急躁，既氣憤又失望地說：「見面不如聞名！」說完，拂袖而出。

這時，藥山禪師才開口說：「太守怎麼可以貴耳賤目呢！」

貴耳，相信耳朵所聽到的。賤目，不相信親眼所看見的。

藥山的意思是：李翱呀，李翱！你怎麼可以抱怨「見面不如聞名」呢？怎麼不相信自己眼睛所看到的，卻去相信耳朵所聽來的呢？我是一個徹頭徹尾的大解脫者，李翱呀，李翱！難道你和我見了面，卻還懷疑嗎？

李翱似乎也能了解藥山的意思，於是向藥山行禮，然後問：「道是什麼？」藥山答：「雲在青天，水在瓶！」

李翱聽了法喜充滿，隨口吟了一首詩偈：

鍊得身形似鶴形，千株松下兩函經；

我來問道無餘話，雲在青天水在瓶！

啊！千株松樹的底下，有一座古老的禪寺；禪寺裡，藏著兩函經書。這是白鶴般尊貴的藥山禪師，所住持的禪寺。

而道在哪裡？道就在千株松樹上面的雲天，道就在禪寺的淨水瓶裡！

李翺吟完了詩偈，又問：「什麼是戒（律）、（禪）定、（智）慧？」藥山答：「抱歉！在我這裡，沒有這些閒家當！」李翺聽了，大惑不解。

於是，藥山進一步解釋說：「太守如果要體悟真正的道理，就必須向高高山頂上站立，在深深海底裡步行！世間的東西放不下、捨不得，便是滲漏！」

滲漏，缺失的意思。修行人，當下體悟了佛性如來藏心，還要戒、定、慧這些撈什子作什麼！

《六祖壇經》說：「心平何勞持戒，行直何用修禪！」只要心裡平靜，只要行為正直，放下世間一切執著，那就無所滲漏，無所缺失；這時，還修什麼禪，持什麼戒！

張無盡居士，讀到了藥山和李翺二人的對話之後，寫了這樣的一首詩頌：

雲在青天水在瓶，眼光隨指落深坑；
溪花不耐風霜苦，說甚深深海底行！

的確，佛性如來藏心在哪裡？永恒的真理——「道」，在哪裡？就在高高山頂上，就在深深海底裡！而不在有形有相的戒、定、慧當中！

啊！雲在哪裡呢？在青天上！水在哪裡呢？在淨瓶裡！如果執著於指天、指瓶的手指，而不能因為手指的指引，而見到青天上的白雲和淨瓶裡的甘泉，那麼，必定落入滲漏，落入輪迴的苦難深坑當中！

李翺和韓愈，都是唐朝有名的闢佛論者。韓愈的〈原道〉，李翺的〈復性書〉，都是站在儒家的立場，強烈批判佛教的作品。張無盡則是佛門居士，他笑李翺像溪花一般，耐不了風寒。

唉！藥山開示「高高山頂立，深深海底行」的道理，對李翺來說，只是一椿美談，起不了教化作用！

一天夜裡，藥山登山散步，忽然夜空中的烏雲散去，見到了明月，因而大嘯一聲。山下九十里遠的人家，都聽到了這一嘯聲。一打聽，才知道是藥山的嘯聲。李翺特別為這件事情，寫了這樣的一首詩：

選得幽居愜野情，終年無送亦無迎；
有時直上孤峰頂，月下披雲嘯一聲！
（見《指月錄》卷九）

前兩句描寫藥山不迎不送的禪居生活，後兩句則描寫藥山的披雲嘯月。唉！李翱雖是大儒，卻只是個凡夫！藥山禪居的真義在哪裡？而披雲嘯月的真義又在哪裡？李翱並沒有告訴我們！

第六則　山花開似錦．澗水湛如藍

僧問：「色身敗壞時，堅固法身是什麼？」大龍禪師答：「山花開似錦，澗水湛如藍！」

的確，開似錦的山花，湛如藍的澗水，不正是「堅固法身」或佛性如來藏心的顯露嗎？當無常的色身（肉體）敗壞腐爛之時，「堅固法身」所生起的青山、白雲、澗水、游魚，不是依然美妙、健在嗎？

南堂靜禪師，曾有一頌，即是以「到處晶（閃亮）」的「一點靈光」，比喻生起澗水和山花的如來藏心：

色身敗壞世常情，一點靈光到處晶；
澗水如藍花似錦，法身何處不分明！

佛鑑懃禪師，也以「洞中天」比喻佛性如來藏心，而作有一頌：

山花似錦春長在，澗水如藍碧湛然；
信步白雲深處去，須知別有洞中天！

而地藏恩禪師，則作了一首詩頌，一方面表達「堅固法身」或佛性如來藏心的無所不在，二方面訓斥那些執著語言文字或相對概念的行者。他說：

山花如錦水如藍，雲在高峰月在潭；
兩箇泥牛鬬入海，行人脫袴杖頭擔！

前兩句讚嘆「堅固法身」的無所不在；後兩句則訓斥執著語言文字和世間事物的行者。

泥牛入海，比喻兩個執著語言文字的人，好耍嘴皮子，辯得面紅耳赤，終究徒勞無功；就像兩隻泥牛，在海中打鬬，終究會被海水所溶化掉一樣！

而修行人既然脫下了袴子（比喻煩惱），露出了白淨淨的堅固法身，卻又捨不得、放不下，把脫下的袴子擔在杖頭上，豈不自尋煩惱、自找苦受！

最有意思的，莫過於雪竇重顯禪師的詩頌了！他說：

問曾不知，答還不會；
月冷風高，古巖寒檜。
堪笑路逢達道人，
不將語默對！

手把玉鞭，驪珠盡擊碎！
不擊碎，增瑕纇。
國有憲章，三千條罪！
（見《禪林類聚》卷二）

雪竇的詩頌，只不過是地藏恩禪師詩頌的後兩句罷了！地藏恩用泥牛入海、行人脫袴，來表達堅固法身的不可說、不可說；而雪竇重顯，則以玉鞭擊驪珠的比喻，闡述相同的道理。

詩頌前六句，以月冷風高、古巖寒檜，來形容堅固法身的遠離任何言語問答。因為，達道之人，是不會以言語問答，來詮述真理的。

後面的幾句，不過是前六句的引申。其中，驪珠，驪龍頷下的寶珠。《莊子・列禦寇》說：「夫千金之珠，必在九重之淵，而驪龍頷下。」因此，驪珠用來比喻珍貴的事物。修行人，如果不能放下世間一切珍寶，用玉鞭將它擊碎，那麼，反而會增添瑕纇（污點）。對一個修行人來說，如有一絲一毫瑕纇，就像犯了三千條國法一樣，死罪一條！

另外，太子久善禪師也有一頌，詩句不美，卻更加可愛！

山花瞎人眼，澗水毒人耳；
隺不戀幽巢，龍不藏死水！
（見《續指月錄》卷九）

山花和澗水，都是堅固法身或佛性如來藏心的表徵，就像世間珍寶一樣美妙。修道人，千萬不要執著這美妙的山花、澗水呀！隺，鶴的俗寫。仙鶴不戀幽巢，神龍不藏死水；那麼，大修行人，還執著堅固法身，或執著由堅固法身所幻生的山花、澗水嗎？

第七則　青山吾家物

清海禪師初次參見佛鑑禪師時，佛鑑禪師問：「三世諸佛，一口吞盡所有東西，哪裡還有眾生可渡？這個道理怎麼樣？」清海想要回答佛鑑的問話，佛鑑卻大聲喝斥。

清海因而大徹大悟，並且把他所悟，寫成了下面的詩偈：

實際從來不受塵，箇中無舊亦無新；
青山況是吾家物，不用尋家別問津！
（見《續指月錄》卷首）

誠然，在過去、現在、未來的時間之流當中，無數的佛陀出世說法，所說之法無非是空。空，遣蕩了一切事物，也吞盡了所有東西。《金剛經》說：「眾生者，如來說非眾生；是名眾生。」因此，包括一切眾生，也被般若空所遣蕩、吞盡！

眾生既然無非是空，請問：以普渡眾生為職志的三世諸佛，要去度化誰呢？這問題彷佛有答案；然而，在般若空中，一切言語思惟都是自尋煩惱的葛藤。兔子沒有角，你能說兔角是圓柱形的嗎？你能說兔角是黑色或褐色嗎？不能！因為兔角是空的。這是為什麼清海想要回答問題，佛鑑卻喝斥他的原因。

佛鑑說的是般若空，清海體悟到的卻是佛性如來藏心的道理；這在禪門當中，並不罕見。四卷本《楞伽經》的佛性思想，早在五祖弘忍和六祖惠能時代，就已和《金剛經》裡的般若空，融合為一了。

清海說：隱藏在我內心深處的佛性如來藏心，從本以來就是清淨光明，不受一點灰塵的污染；因此，也沒有新與舊的差別。

看呀！佛性如來藏心所幻生的鬱鬱青山，不正是我家嗎？既然這樣，又何必向外去追尋什麼是佛？或追尋什麼是道呢？

第八則　寒爐撥死灰

傅翕大士〈心王銘〉說：「水中鹽味，色裡膠青，決定是有，不見其形。」傅大士以水中的鹽味，以及顏色中的膠青，比喻明明存在，但卻無形無相、不可說、不可說的佛性如來藏心。

佛眼禪師曾以〈心王銘〉裡的這幾句，開示徒弟們。白楊法順禪師，當時也在佛眼門下；當他聽到這幾句話之後，若有所省。

《釋門正統‧塔廟志》說：傅大士曾創作了「輪藏」；那是一種可以旋轉的八面柱子，上面架著一切經典，誦經時旋動機輪，方便閱讀。

有一天，法順禪師見到了輪藏迅速旋轉，因而大悟。然後前往佛眼禪師的方丈室，向佛眼詠出下面這首詩偈，表明自己所體悟的真理：

頂有異峰雲冉冉，源無別派水泠泠；
遊山未到山窮處，終被青山礙眼睛！

的確，您遊於佛山佛嶺之中，一定要爬到最高峰，才能看到寬廣無垠的原野，找到甘甜泠泠的活水源頭！

大徹大悟之後，法順禪師開始傳授禪法。一日，在禪堂上，他向弟子們唱了這樣的幾句詩歌：

好事堆堆疊疊來，不須造作與安排；
落林黃葉水推去，橫谷白雲風卷回。
寒鴈一聲情念斷，霜鐘纔動我山摧；
白楊更有過人處，盡夜寒爐撥死灰！

（見《續指月錄》卷首）

不須造作與安排，好事自自然然一件跟著一件而來。朋友們！不必因為林子裡的落葉，已被河水流去，而惋惜嗟吁；你看！橫在山谷裡的那片白雲，不是已隨溫煦的山風捲了回來嗎？

啊！不但悠悠白雲回到了我身邊，那哀哀啼叫著的寒鴈，那鋪了一層薄霜的銅鐘，不也近在我的眼前？它們煥發著寂靜無染之美，一如幻生它們的佛性如來藏心！

而那山一樣巨大、頑強的情絲慾念呀！終究已被摧毀，摧毀在佛性如來藏心的煥發中，摧毀在悠悠白雲，還有寒鴈啼叫和霜鐘的鳴響聲中！

然而，在摧毀一切情絲慾念之後，人性呀！人性！難道就沒有一絲一毫溫情和光明？

我不相信！我不相信！我白楊法順，決不相信！我白楊法順，還有比別人高明之處！

啊！就讓我在摧毀情絲慾念的寒爐死灰當中，尋找那一絲絲溫情和光明吧！因為，我相信，除了惱人的情絲慾念之外，人性當中，還存在著至善至美的因子——佛性如來藏心！

第九則　一夜落花雨

釋尊在靈山說法，大梵天王獻上金色蓮花。釋尊拈花，迦葉尊者破顏微笑。釋尊說：「我有正法眼藏，已經付囑摩訶迦葉！」

足庵智鑒禪師，讀到「拈花微笑」的這則公案之後，詠出了下面的詩頌：

世尊有密語，迦葉不覆藏；
一夜落花雨，滿城流水香！
（見《續指月錄》卷首）

世尊也太吝嗇了！只肯向迦葉說悄悄話，不肯大開法門，普渡眾生！可惜呀，可惜！迦葉尊者大嘴巴，不懂得珍惜釋尊的祕密，到處向人炫耀！

迦葉尊者大嘴巴，把正法眼藏傳授給西天第二代祖阿難尊者，二祖阿難又傳授給三祖商那和修，乃至傳授給西天第二十八代祖菩提達磨；東土初祖菩提達磨，又傳授給東土二祖慧可，乃至三祖僧璨、四祖道信、五祖弘忍和六祖惠能！

迦葉到底向阿難說了什麼？你聽：下了一整夜的雨，把花朵都打落了。掉在河裡的落花，隨著河裡的雨水，流遍了城鎮裡的大街小巷。

啊！你聞到了嗎？你聞到了落花香嗎？聞到了那撲鼻的，佛性如來藏心的花香嗎？

第十則　家家門底透長安

禪僧問趙州：「如何是祖師西來意？」趙州答：「庭前柏樹子！」

這是禪門中，名為「柏樹子」的有名公案。「祖師西來意」，象徵般若空，也象徵佛性如來藏心。

什麼是佛性如來藏心呢？趙州答：「庭前柏樹子！」其實，豈止是庭前柏樹子，那二月天，萌出綠芽，還飄著綿絮般白色小花朵的楊樹，不也是佛性如來藏心的顯露嗎？

劉彥修居士，是眾多參究這則「柏樹子」公案的人之一。一天，突然大徹大悟，因而寫了一首詩：

趙州柏樹太無端，境上追尋也不難；
處處綠楊堪繫馬，家家門底透長安！
（見《續指月錄》卷一）

不是說要「見性成佛」嗎？不是說要「明心見性」嗎？然而，性在哪裡？心在哪裡？——佛性如來藏心在哪裡？

也不難，也不難！性在庭前柏樹子上！心在繫馬的綠楊上！

只要你體悟外境就是內心、內心就是外境的道理，那麼，你必然是一個繁華富貴的解脫者。你看！每戶人家的大門，不都通往繁華富貴的長安城嗎？

第十一則　幽鳥語喬林．殘紅隨流水

相傳龍樹菩薩入龍宮，見到了三種不同版本的《大方廣佛華嚴經》。上本《華嚴經》，共有十三千大千世界微塵數那麼多首詩頌；全經共有四天下微塵數品（章節）。中本《華嚴經》，共有四十九萬八千八百首詩頌；全經共有一千一百品。而下本《華嚴經》，則有十萬首詩頌；共三十八品。

上本和中本《華嚴經》，顯然不是世間一般人，所能閱讀和理解；因此，龍樹菩薩取回世間的，是篇幅最少，內容最簡單的下本《華嚴經》。

古來，《華嚴經》即被看成是釋尊所說經典當中，最高深的一本。就像日出高山，先照大山王一樣，釋尊初成佛道，所宣說的《華嚴經》，也是祂內心中最高深、最想宣說的道理。

相傳釋尊宣說《華嚴經》時，是在初成道時的第二個七天，或第三個七天。主要的聽眾，是文殊、普賢、觀音、彌勒等，這些被尊稱為「大乘」的「菩薩摩訶薩」（大菩薩）。但是，另外也有像舍利弗、目犍連、阿難等，被貶稱為「小乘」或「聲聞」的弟子。

大乘的大菩薩們，都能理解《華嚴經》的內容；但是小乘的聲聞弟子，聽了《華嚴經》之後，卻「如聾如啞」，無法信受經中的奧祕。

「如聾」，意味這些小乘聲聞弟子，雖然在場聽聞釋尊宣說《華嚴經》，卻由於無法理解信受，因此就像聾子無緣聽聞一樣。

「如啞」的意思，則是：這些小乘聲聞弟子，由於無法理解、信受釋尊所說的《華嚴經》，因此也就無法參與討論、提出問題，或發出讚嘆的聲音。

笑翁妙堪禪師，曾為這則有關《華嚴經》的傳說，寫了這樣的一首詩頌：

膏雨及時，江山如洗。
幽鳥語喬林，殘紅隨流水。
可憐盲聾瘖啞人，不識此方真教體！
（見《續指月錄》卷二）

《華嚴經》，是釋尊宣說的至「真」之「教」。然而，釋尊所宣說的「真教」，它的本「體」（本質）是什麼？在哪裡？

啊！可憐呀！那些盲聾、瘖啞的小乘聲聞弟子呀！怎麼可能知道呢！

「真教體」是什麼？在哪裡？

它就在及時的膏雨之上，就在如洗的江山之上，就在喬林裡吱吱細語的幽鳥之上，就在隨著流水逝去的殘紅之上！啊！它們不正是佛性如來藏心的顯露嗎？不正是《華嚴經》的「真教體」嗎？

第十二則 夜來一陣落花雨

投子和尚問僧：「連日好雨，請問：雨從哪裡來？」僧無法回答。

後來，這位禪僧因為研讀《華嚴經》，因而體悟了投子和尚的意旨。

絕象鑒禪師，曾舉投子和尚的這則公案，來教示徒弟們，並且吟了下面的這首詩頌：

陌路遊人競採芳，不知眼底度春光；
夜來一陣落花雨，一百十城流水香！
（見《續指月錄》卷六）

可不是嗎？那些「盲聾瘖啞」人，就像陌路人一樣，只知往外追求像花一樣美麗芬芳的佛道；卻不知自己本來是佛，佛性如來藏心就在自己心中。

人人本來是佛，佛性如來藏心就在人人自己心中。啊！人人本有的佛性如來藏心，怎麼可能侷限在你我小小的心中！它無所不在呀！

你看！那一夜之間，被雨打落的美麗花朵，不就是佛性如來藏心嗎？它隨著逝水，流遍一百一十個城市；每一個它所流過的城市，都沾染著它所散發出來的芬芳！

第十三則　草裡觀世音．門外婆餅焦

曹源道生禪師，曾在禪堂上，向弟子們半吟半白地說：

雨雪落紛紛，簷頭水滴滴；
良哉觀世音，草裡跳不出！
也大屈，水底烏龜鑽鐵壁！
咄！

許多人崇信觀世音菩薩，天天拜祂，時時念祂。然而，觀世音菩薩在哪裡？佛性如來藏心在哪裡？在芳草碧連天裡！

在芳草碧連天裡，為什麼卻跳不出？為什麼像那隻水底烏龜，猛鑽鐵壁，卻仍然屈困在鐵壁裡？

啊！佛性觀世音在哪裡？如來藏觀世音在哪裡？

那落紛紛的雨雪，那滴滴答答的簷頭水，那山河大地裡的一景一物，不正是已經脫困了的觀世音嗎？

有一天，曹源禪師又在禪堂上，向弟子們唱了下面的詩頌：

平旦清晨三月朝，南山蒼翠插雲霄；
不須更覓西來意，門外數聲婆餅焦！

婆餅焦，婆婆的餅子焦了；一種啼鳥的名字。宋朝王質所寫的《林泉結契》一書，曾說：婆餅焦鳥初啼時，聲音像「婆餅焦」，再啼時聲音像「不與吃」，三啼時則像「歸家無消息」。

那隻婆餅焦，正歌唱在三月天的清晨裡，正雀躍在高入雲霄的鬱鬱南山上呢！那不就是達磨祖師西來的意旨嗎？啊！那正是達磨祖師所傳授的正法眼藏、佛性如來藏心呀！

曹源禪師所居住的寺院附近，有一顆巨石，名叫靈巖石。曹源禪師曾作了這樣的一首詩，詠嘆它：

雲去雲來非有意，雲來雲去亦無心；
有無截斷靈何在？突兀一峰青到今！
（見《續指月錄》卷三）

高峰上那顆靈巖石呀！任它雲來雲去，都屹立不動。靈巖石的不來不去，正是它之所以為「靈」的原因。啊！啊！它不正如佛性如來藏心的不來不去嗎？

第十四則　那吒骨肉

《五燈會元》卷二曾說：那吒太子折肉還母，折骨還父；然後現出原身，為父母說法。

依照佛典的記載，宇宙的中心，有一座高山，名叫須彌山。須彌山的山頂，名叫三十三天（又叫忉利天），住著掌管天下的神祇帝釋天。須彌山的山腰，則住著四大天王，守護著三十三天和天下蒼生。

傳說，那吒是四大天王當中，南天門毗沙門天王的太子。太子三面八臂，力大無比；佛道門中，有名的護法神。為了報答父母生養之恩，於是折骨還父，折肉還母。師父憐憫他，以法術令他蓮花化生，還魂成仙。

鐵山瓊禪師讀到這則感人的傳說之後，作了下面的這首詩頌：

一莖草上現瓊樓，識破古今閑話頭；
拈起集雲峰頂月，人前拋作百華毬！
（見《續指月錄》卷六）

什麼是「一莖草上現瓊樓」的時候呢？那是「識破古今閑話頭」的時候！

話頭，習禪的禪僧們所參究的公案，如「如何是祖師西來意？」「如何是佛？」「狗子有沒有佛性？」等等。

什麼是「識破古今閑話頭」的時候呢？那是見到了佛性如來藏心之時！

鐵山禪師說：當那吒折骨還父、折肉還母之時，正是「一莖草上現瓊樓」之時，也是「識破古今閑話頭」之時。他明心見性了，他成仙作佛了！

他明心見性、成仙作佛了！這時，正是大顯神通之時！

什麼樣的廣大神通呢？那是：抓住雲峰上那輪明月，拋向山腳下的神通！

你看！那輪明月！那輪拋向山腳下的佛性如來藏心！竟化成了百花毬，飄呀飄，滾呀滾的，在村莊，在城市，在熱熱鬧鬧的人群裡，在山河大地間，是那麼的絢麗燦爛！

第十五則　小廝藏身

德誠禪師和道吾禪師，都是藥山惟儼禪師的得意弟子。學成之後，道吾禪師留在熱鬧的城市裡傳法渡眾；內向的德誠禪師，則立志不傳法、不渡眾。

於是，德誠禪師來到江蘇太湖邊的華亭江（吳江）上，隱居起來，當一個擺渡人。當地人都稱德誠禪師為船子和尚。

另一方面，有一禪僧問夾山禪師：「什麼是法身？」夾山答：「法身無相！」禪僧又問：「什麼是法眼？」夾山答：「法眼無瑕！」

正好也在夾山座下的道吾聽了，不覺大笑起來。夾山於是下座問道吾：「我說錯了什麼？要不然，你為什麼大笑？」道吾答：「你和華亭江上的船子和尚有緣，你到他那裡去參訪吧！」

夾山來到了華亭江邊，果然見到一個出家人，正在江上擺渡。那出家人，正是船子和尚德誠禪師。

才剛跳上渡船，船子和尚便問夾山：「垂下一千尺長釣絲的釣魚竿，目的是要釣到深潭裡的游魚。然而，為什麼釣鉤總是離開水面三寸？快說！快說！」

夾山正想答話，船子和尚就用橈槳，把夾山打落到湖水中。

夾山一身濕，好不容易才爬上船來，船子和尚又叫著：「說呀！快說呀！」夾山又想開口答話，船子和尚又是一槳打下！

這回，夾山豁然大悟了！而發願不傳法、不渡眾的船子和尚，也因而投身湖水而

逝！（見《景德傳燈錄》卷一四）

萬如通微禪師，是船子和尚德誠和道吾的後輩。有一天，萬如禪師從鄉下進城來，聽到路旁一戶商家的主人，正在追打小廝。主人一邊追打，一邊大叫：「看你藏到哪裡！」萬如聽了大徹大悟，脫口吟了下面的詩頌：

沒處藏！沒處藏！全身獨露在街坊！
堪笑華亭擺渡漢，葛藤打得太郎當！
（見《續指月錄》卷一九）

夾山說：法身無形無相。既然無形無相，為何又囉哩囉嗦地，說它無形無相！難怪惹來道吾的一番恥笑！

另一方面，船子和尚明明像葛藤一樣，盤根錯節地問了夾山一堆有關法身的問題，卻又狠心打下兩槳，不讓夾山答話！問人家，卻又不許人家回答；唉！這真是太郎當、沒有道理呀！

萬如禪師，卻不同於道吾和德誠，他說：法身哪裡是無形無相！它哪裡隱藏得了！

你看！它不是像那小廝一樣，躲也躲不了，全身獨露在街坊上，任由主人的追打嗎！

的確，遍大地一切物，都是佛法身，都是佛性如來藏心，想躲也躲不了！

第十六則　桃花見道

靈雲志勤禪師，在溈山靈祐禪師座下參禪。一次，見到盛開的桃花，因而開悟。開悟後，作了一首詩：

三十年來尋劍客，幾回葉落又抽枝；
自從一見桃花後，直至如今更不疑！

靈雲把這首詩，拿到溈山那裡，請溈山評斷。溈山讚許說：「你是由於桃花的因緣，而悟入的。從因緣悟入的道理，永遠不會退失。今後，你要好好護持著它！」

不知是因為靈雲的詩太美了，或是由於他的悟境太深奧了，以致引得許多後代禪師，為他詠出詩頌。首山念禪師，就作有這樣一首：

分明歷世三十春，因悟桃花色轉新；
人人盡得靈雲意，不識靈雲是何人！

神鼎諲禪師，也作有這樣的一首：

傷嗟尋劍客，桃花遇春開；
靈雲一見處，令我笑哈哈！

慈明圓禪師，也有這樣的一首：

二月桃花處處新，靈雲一見更無親；
相逢盡道休官去，林下何曾見一人！

靈雲見到的，雖是三十年前曾經見過的桃花；但實際上則是：佛性如來藏心深處裡的桃花！

其實，人人本來是佛；開悟前本來是佛，開悟後依然本來是佛。禪門講究「明心見性」，講究「見性成佛」；所明之心，所見之性，都是本來具足，就像舊識的老朋友一般。

同樣地，三十年前，靈雲見到的，是二月裡，美麗豔紅的桃花；三十年後，靈雲見到的，依然是二月裡，美麗豔紅的桃花。其中哪有什麼新鮮事兒！

見了桃花之後的靈雲，空掉一切事物，斷盡所有親屬，在修道路上，靈雲顯然是個孤獨的僧人。啊！哪一個人，不是孤獨地走過修行的道路？在修行的道路上，還有人不空掉一切的嗎？還有人攜家帶眷，或呼朋引伴的嗎？

那二月裡盛開的桃花，是靈雲唯一的舊識友人。只有桃花！也只有桃花，才能輝映靈雲本有的佛性如來藏心！

在那片桃花林下，啊！孤獨的靈雲，還能巴望遇見什麼達官貴人，或什麼親朋好友嗎？

翠巖真禪師，也曾寫了一首相同意趣的詩歌，讚嘆靈雲在修道路上的獨行：

子路當時問要津，滔滔天下丈夫人；

相逢相見若如此，更有春風春又春！

（見《禪林類聚》卷一九）

子路問津，《論語．微子》中，一則發人深省的故事。

一天，子路和孔子同車，來到長沮和桀溺兩人隱居耕田的地方。子路下車問長沮：「請問渡船頭在哪裡？」長沮說：「坐在車子上的，不正是魯國的孔丘嗎？」子路答：「正是！」長沮說：「他已經知道渡船頭在哪裡了，何必要問我！」

於是，又問桀溺：「請問渡船頭在哪裡？」桀溺說：「滔滔者，天下皆是也！這樣的亂世，又有誰能改變它呢？還問什麼渡船頭在哪裡！還不如和我們這些人，一起來隱居呀！」

子路問不出渡船頭在哪裡，只好回來稟報孔子。孔子聽了，感嘆地說：「唉！世間這麼亂，我怎能像他們那樣隱居起來，不設法去改變它呢？」

問津，問渡船頭在哪裡。然而，在《論語》的故事裡，它所象徵的意義，是修身、齊家、治國、平天下之道。

而在翠巖禪師的詩歌裡，問津，問的是見性成佛的方法。見性成佛的方法是什麼？是成群結黨、呼朋引伴嗎？是周旋於達官貴人中嗎？是周旋於像洪水一樣的滔滔亂流中嗎？如果答案是肯定的，春風必定不向桃花林中吹來，靈雲也必定見不到佛性如來藏心了！啊！那佛性如來藏心深處，盛開著的豔紅桃花，注定要孤獨地體悟！

第十七則　鶯子實相

一天，玄沙師備禪師，在禪堂的法座上，聽見鶯子叫聲，因此有感而發地說：「你們聽！鶯子正在談論深奧的實相，宣說佛法大要呀！」說完了，便下座。

後來，有個禪僧，向玄沙請教：「剛才有關鶯子的事情，弟子不了解。請和尚說明！」玄沙說：「你走開！沒有人相信你說的話！」

的確，佛性如來藏心，就像自己口袋裡，再熟悉不過的家當；有誰相信本具佛性如來藏心的人，會說自己不了解佛性如來藏心呢？那青天白雲，那枯藤老樹，那雕樑畫棟，那追逐著流鶯，啁啁鳴叫，飛過短牆的鶯子，不正是佛性如來藏心嗎？

古德禪師，最能了解鷲子深談實相的道理了；他說：

紫鷲飛來遶畫樑，深談實相響琅琅；
千言萬語無人會，又逐流鶯過短牆！
（見《禪林類聚》卷二〇）

第十八則　搬柴自性天真佛

無幻性沖禪師正在燒火的時候，一僧問：「什麼是自性天真佛？」無幻禪師說：「去把木柴搬來！」

這僧把燒火的木柴搬來之後，又問同一個問題：「請問，什麼是自性天真佛？」無幻這回說：「你這奴子！好壞都分不出來！」說完，便打。

搬柴就是自性天真佛，這是無幻禪師的意旨。這僧卻迷失自己，到處尋找自性天真佛。難怪無幻打他、罵他！

人人心中有個自性天真佛，從來不曾走失過。自性天真佛是什麼？是佛性如來藏心，是山河大地，是日月星辰，是螻蟻瓦礫，是風是樹，是燒火的木柴，是人人本有的一顆赤子之心！

我們生在大富的長者之家，一生下來，父母就在我們身上佩戴價值連城的寶物。啊！我們擁有世界上最珍貴的佛性如來藏心！

我們卻貪圖玩樂，掙脫了父母的慈護之手，迷失在人群當中。我們忘失了身上佩戴著的寶物，成了到處流浪討食的窮乞丐！

我們必須覺醒回家，回到慈愛的大富長者之家！徑山進禪師這樣說：

> 大富須還長者家，天然隨處有生涯；
> 可憐不識裹中寶，錯認真金作赤沙！

我們不要因為憐愛鷓鴣，就去撈捕河裡的游魚，飼養鷓鴣。可不是嗎？佛性如來藏心，固然在可愛的鷓鴣身上，但又何嘗不在可憐的游魚身上！

我們不做鷓鴣的飼養者，得了鷓鴣，卻失去了游魚！

我們從父母那裡，獲得價值連城的寶物；我們已有自性天真佛。我們不做忘恩負義之人，徒有兩道秀眉，卻留戀霓虹街頭！

牧公謙禪師說得好：

腳下魚行總不知，因憐鷁鷁亦何癡！
幾多負義忘恩者，徒有雙雙兩道眉！

我們也不要像是涉世未深的懵懂少年，迷失在長安城裡的殘花敗柳當中，不肯回到慈母身邊，欣賞她親手栽種的那株紫牡丹！

我們不是有一只冰盤嗎？自性天真佛，活生生地，還端坐在冰盤當中哩！夜涼如水，在這美麗的月光下，我們何不把冰盤拿出來，接一點夜裡的露水，然後好好把它欣賞一番呢？

所以，鐵容玄禪師說：

長安年少惜花殘，爭認慈恩紫牡丹；
別有冰盤承露冷，無人起就月中看！

那年春天，我們走著走著，終於走到了美麗的桃花源！桃花源裡，野老正親切召喚著我們呢！

進了桃花源，啊！景色如畫，花香撲鼻！我們卻愚蠢地頻頻追問：「春天在哪裡？春天在哪裡？」

我們就是自性天真佛，這僧卻問：「什麼是自性天真佛？」無幻禪師是桃花源裡，頻頻召喚我們的野老；他說：「這就是春天呀！這就是春天呀！」無奈這僧卻和我們一樣，不肯直下承認：木柴就是自性天真佛！

這就難怪潛夫峻禪師要感嘆地說了：

桃源洞口尋春色，野老頻呼在此中；
遊徧園林猶借問，不知身在萬花叢！
（見《徑石滴浮集》卷四）

第十九則 無情說法

一天，洞山良价禪師，問溈山禪師：「聽說南陽慧忠國師，曾有『無情說法』的主張；我不明白其中的道理，可否請您為我說明！」溈山說：「慧忠國師怎麼說，你還記得嗎？」洞山答：「記得！」溈山說：「那就請你再說一遍，我再來解說吧！」

於是，洞山回憶說：「有一天，僧問慧忠國師：『如何是古佛心？』慧忠答：『牆壁瓦礫，就是古佛心！』僧又問：『牆壁瓦礫豈不是無情嗎？』慧忠答：『是無情呀！』僧又問：『牆壁瓦礫這些無情，還懂得怎麼講經說法嗎？』慧忠答：『它們一直都熱熱鬧鬧、沒有間斷地，正在講經說法呢！』……」

古佛心，佛性如來藏心的象徵。古佛心在哪裡？在一切有情眾生的心中，也在無情的牆壁瓦礫之中呀！

因此，本具佛性如來藏心的有情眾生，能夠講經說法；同樣是本具佛性如來藏心的無情，自然也能講經說法了！

啊！你聽到了嗎？那無情的牆壁瓦礫，正熱熱鬧鬧，說著美妙的佛法呢！

「這僧聽了慧忠國師的回答之後，內心還是有點懷疑……」洞山良价繼續回憶慧忠國師的主張：「於是，這僧又問慧忠國師：『請問：無情說法，有什麼經典依據？』慧忠答：『難道你沒有讀過《華嚴經》嗎？經裡說：「剎說、眾生說，三世一切說。」

這兩句經文，可以證明，無情確實也會講經說法呀！』……」

剎，剎土；諸佛所居住的國土。西方極樂世界，是阿彌陀佛居住的剎土；東方琉璃世界，是藥師如來居住的剎土；而我們所居住的娑婆世界，也是釋迦牟尼佛所居住的剎土。

剎說，剎土說法；這不證明《華嚴經》裡，也有「無情說法」的道理嗎？慧忠國師「無情說法」的道理，就是依據《華嚴經》「剎說」的經文而提出。

當洞山良价把慧忠國師「無情說法」的主張，向溈山禪師報告完畢之後，溈山說：「我這裡也有『無情說法』的道理，只是很少遇到知音！」洞山聽了說：「我不懂您的意思，請您說明清楚好嗎？」

於是，溈山豎起手上的拂子，然後問：「懂了嗎？」洞山說：「不懂！請您詳細說明！」溈山說：「父母所生口，終不為你說！」

唉！溈山豎起拂子，讓那無情的拂子，熱熱鬧鬧地說了一大堆佛法，可惜洞山卻怎麼也聽不進一句半句！還要求溈山說清楚一點，惹來溈山的一口回絕！

洞山不死心，再向溈山請教：「您既然不肯明說，那麼，不知道有什麼人，可以介紹我去請教的？」溈山說：「你到澧陵攸縣，就會看到許多石室相連。石室裡，住了一位名叫雲巖的道人，你可以去請教他！」

於是，洞山來到雲巖道人這裡，一五一十地報告了整個經過之後，就問：「無情說法，什麼人才可以聽到？」雲巖答：「無情才可以聽到！」洞山又問：「您聽得到嗎？」雲巖答：「如果我聽得到，那麼，你就聽不到我說法了！」雲巖的意思，顯然是：無情說法，不可用一般的肉耳聽呀！必須用心耳去聽！用佛性如來藏心去聽！

然而，洞山還是不懂雲巖的深意，又問：「我為什麼聽不到無情說法呢？」這時，雲巖豎起手上的拂子，問：「你聽見了嗎？」洞山答：「聽不見！」雲巖說：「我正在說法，你都聽不到；更何況是無情說法，你怎麼聽得見呢！」

這回，雲巖也和溈山一樣，豎起了拂子，讓那無情的拂子，又說了一大堆的佛法！然而，為什麼洞山還是聽不見？

聽不見無情說法的洞山，又問：「無情說法，根據哪部經典？」雲巖說：「你難道沒有讀過《阿彌陀經》嗎？經中說：水鳥、樹林，都會念佛、念法、念僧哩！」洞山聽了若有所悟，於是，隨口唱出這樣的詩偈：

也大奇！也大奇！無情說法不思議！

若將耳聽終難會，眼處聞聲方得知！

的確，無情說法，必須用眼睛或鼻子、舌頭，甚至手指或腳趾，才能聽得見呀！啊！如果你執意用肉耳去聽無情說法，那你終究無緣聽到它所宣說的美妙佛法呀！

不久，洞山向雲巖道人辭別。臨行前，洞山問雲巖：「百年之後，忽然有人問我：『你能描繪出雲巖禪師的大概模樣嗎？』這時，我怎麼回答他？」雲巖答：「向他說：『只這個就是！』」洞山楞在那裡一陣子。

於是，雲巖又說：「當你承當起這件事情的時候，必須小心謹慎才好！」洞山聽了，還是無法體會雲巖的苦心。

有一天，洞山經過一條河流，見到了自己倒映在水中的影子，突然大悟。於是，寫了這樣的一首詩偈：

切忌從他覓，迢迢與我踈。
我今獨自往，處處得逢渠。
渠今正是我，我今不是渠。

應須恁麼會，方得契如如！

（見《指月錄》卷一六）

渠，他的意思；在這裡指的則是無上的「道」，或佛性如來藏心。佛性如來藏心，幻生山河大地、一切眾生，包括洞山良价禪師。由佛性如來藏心，所幻生出來的洞山良价，雖然是佛性如來藏心的彰顯，但畢竟不是佛性如來藏心本身。事實上，洞山只是佛性如來藏心的一小部分而已！

道，或佛性如來藏心，遍一切眾生，遍整個山河大地，是常住不變、不生不滅的理體——「渠」。然而，由「渠」所幻生出來的洞山，卻是有限的、無常生滅的個體——「我」。

啊！佛性如來藏心在哪裡？渠，在哪裡？水中影，那水中影，不正是渠的倒影嗎？不正是佛性如來藏心所幻生嗎？

啊！那不是真正的渠，那只是水中倒影。千萬不要跟隨水中倒影而修行呀！真正的渠在哪裡？真正的渠，正是能夠幻生水中倒影的洞山本人呀！

第二十則 乾坤盡是黃金骨

元朝林泉從倫禪師，曾對徒眾開示說：「天和地並沒有什麼差別，古與今也是一模一樣。心性既然不是染污的，由它所幻生的六根和六塵，自然是純真的了！……」開示完了，從倫接著又說：「僧問新羅大嶺禪師：『一切處清淨，是什麼意思？』大嶺答：『截瓊枝，寸寸是寶；折栴檀，片片皆香！』……」

啊！可不是嗎？佛性如來藏心既然清淨而無染污，由它所幻生的一切眾生，以及山河大地，不也一樣清淨無染嗎？

眼、耳、鼻、舌、身、意，這「六根」（六種感覺器官），以及相對應的色、聲、香、味、觸、法，這「六塵」（六種被感覺的對象），既然都由佛性如來藏心所幻生，那麼，這六根和六塵，必然也是清淨無染的了！

看哪！即使把無情的山河大地，和有情的一切眾生，截成一寸一寸，或折成一片一片，每一寸、每一片，也都是瓊枝寶物，還散發著栴檀幽香呢！

從倫向徒眾們說完了大嶺禪師的公案之後，這樣評論說：「仔細檢討起來，大嶺禪師只知道順水推舟，卻不了解逆風把舵！」

從倫解釋說：「大嶺不了解，塵埃滓穢，總是家珍；瓦礫荊榛，無非至寶！你沒有聽說過嗎？『糞掃堆頭清淨土，干戈叢裡太平年！』……」

塵埃滓穢，總是家珍；瓦礫荊榛，無非至寶。糞掃堆，即是清淨土；干戈叢，便是太平年！啊！豈止瓊枝、栴檀，是會散發幽香的寶物；骯髒污穢的東西，不也是散發著幽香的寶物嗎？啊！你嗅到了嗎？嗅到了嗎？

從倫又唱出宋朝丹霞子淳禪師，針對大嶺禪師這則公案，所作的一首詩：

乾坤盡是黃金骨，萬有全彰淨妙身；
玉女背風無巧拙，靈苗花秀不知春！
（見《虛堂集》卷四）

誠然，在「如來藏緣起」的道理之下，遍大地都是寶貴的黃金骨呀！啊！一切萬事萬物，不正彰顯著清淨美妙的身體嗎？

玉女有美、醜之分，但在背風處，臉蛋兒和身材彷彿依稀，哪分得出是巧是拙呢！

而那靈苗已經茁壯，還盛開著花朵呢！管它什麼溫暖的春天，或是什麼寒冷的冬天！

六、闡述「觸類會道」與「平常心是道」的禪詩

第一則　觸目現事

玉芝法聚禪師，偶然之間，遇到了大儒王陽明居士。居士拈出袖裡的一把鎖匙，問玉芝：「看見了嗎？」玉芝答：「看見了。」居士把鎖匙藏入袖中，然後又問：「看見了嗎？」玉芝還是回答：「看見了！」居士說：「不對！」玉芝因而感到納悶，不了解自己錯在哪裡？

另一方面，有禪僧問大顛禪師：「什麼是見性？」大顛答：「看見東西的能力，就是見性！」

有一天，正納悶不已的玉芝禪師，從同修那裡，聽到大顛的這則公案，不覺釋懷而笑。然後吟了下面這首詩偈：

湖光倚杖三千頃，山色開門五六峰；
觸目本來成現事，蒲團今不鍊頑空！
（見《續指月錄》卷一四）

誠然，我們眼睛所看到的現成事物，哪一樣不是「道」？哪一樣不是佛性如來藏心的顯露？

如果不知湖光山色就是「道」，就是佛性如來藏心，那麼，即使坐破蒲團，所鍊得的，也只不過是虛無的、冥頑不靈的「空」罷了！

第二則　平常心是道

趙州從諗禪師，問南泉普願禪師：「什麼是道？」南泉答：「平常心是道！」趙州言下大悟。

無門慧開禪師為這則公案，寫了這樣的一首詩：

春有百花秋有月，夏有涼風冬有雪；
若無閑事掛心頭，便是人間好時節！

（見《無門關》）

可不是嗎？一年四季都是好時節，只要你把閒事放下！

第三則　隨緣事事了

寶峰克文禪師，曾在方丈室裡，問來參訪的禪僧：「了了嗎？」禪僧答：「還沒有了。」寶峰又問：「吃粥了嗎？」禪僧答：「吃了。」寶峰責怪地說：「又說還沒有了！」

接著，寶峰又問：「門外是什麼聲音？」禪僧答：「雨聲。」寶峰又責怪說：「又說還沒有了！」

不久，寶峰又問：「前面是什麼？」禪僧答：「屏風。」寶峰還是責怪地說：「又說還沒有了！」

寶峰一連問了幾個問題之後，又問：「你懂了嗎？」禪僧答：「不懂。」寶峰說：「不懂？好！我唱一首歌給你聽！」

於是，寶峰唱了下面的這首詩歌：

隨緣事事了，日用何欠少？
一切但尋常，自然不顛倒！
（見《指月錄》卷二六）

「觸類會道」，我們所接觸到的萬類，都與「道」相會入、相契合；因為，道就是無所不在、無所不是的佛性如來藏心！既然這樣，能夠在日常生活當中隨緣而過，就能了結一切煩惱，究竟成佛。

可不是嗎？吃粥時，是在修道；傾聽門外風雨聲時，是在修道；看見面前的屏風時，也是在修道。因為，「平常心是道」！

寶峰問：「了了嗎？」第一個「了」，了結煩惱的意思。第二個「了」，語助詞。「了了嗎？」把煩惱了結了嗎？

禪僧答說：「還沒有了！」既然還沒有了結煩惱，那就吃粥去吧！那就傾聽門外的風雨聲去吧！那就看看面前的屏風吧！那就在平常心中，了結煩惱吧！

第四則　清源米價

僧問清源（青原）山行思禪師：「佛法大意是什麼？」行思說：「廬陵米是什麼價錢？」

廬陵，地名。管它是廬陵或是長安，管它是長安或是烏魯木齊，請問：米價到底多少？

米價到底多少？去問村姑、村婦最知道！

不要以為佛法大意有什麼奇特處，村姑、村婦最知道！因為觸類會道、平常心是道。

萬松行秀禪師，最能理解這種道理了；他說：

太平治業無象，野老家風至淳；
只管村歌社飲，那知舜德堯仁！
（見《從容錄》卷一）

可不是嗎？太平盛世，並不需要什麼特別的模樣。像家風淳樸的野老那樣，平常心就好，還管他堯、舜、文、武、周公這些撈什子作什麼！

第五則　甜瓜徹蒂甜．苦瓠連根苦

萬壽自護禪師，在禪堂上，向弟子們說：「古人說：如果有人認識自己的本心，就知道大地無寸土。而我萬壽，則和古人說法不同：如果有人認識自己本心，那還沒有達到最究竟的境界。什麼是最究竟的境界呢？……」

萬壽拋出了問題，卻不等弟子們回答，就唱了下面這兩句詩歌：

甜瓜徹蒂甜，苦瓠連根苦！

（見《續指月錄》卷一）

山河大地都是佛性如來藏心所幻生；既然這樣，大地當然無寸土。問題是，這樣的道理太過玄妙，太不平常！

平常的道理是什麼？萬壽說：「甜瓜徹蒂甜，苦瓠連根苦！」啊！能以平常心，體悟平常道理，反而成了不平常的佛了！

第六則　綠草溪邊頭角露

南泉普願禪師，曾向徒眾們說：「王老師有一頭水牯牛，想要向溪流東岸放牧，不免吃到國王的水草；想要向溪流西岸放牧，也不免吃到國王的水草！既然這樣，那就隨分納些些吧！」（見《指月錄》卷九）

南泉普願禪師，俗姓王。王老師，南泉禪師自稱。

溪流東岸、西岸，都是國王的水草。的確，遍大地都是國王的領土，哪一株草不屬國王所有！

其實，河東與河西，只是相對的兩端，彷彿屬於自己私有，卻逃不出國王無所不在的管轄權！

既然這樣，那就「隨分納些些」吧！收斂安分一點，不向東、西兩端，生起非分之想，總是好事一樁！

「隨分納些些」，收斂安分一點。不向河東胡思亂想，不向河西胡思亂想；只以平常心，過個平常百姓的生活。啊！甚至連「平常心」、「平常百姓」，都不敢胡思亂想！就在不思東、不思西的當下，一瞬間，你已化作一條頭角崢嶸的水牯牛了！這條水牯牛，正在溪邊，悠悠自在地享受甜美的水草呢！

此時，不必再去擔心，河東河西，水草誰屬；只問：一簑煙雨，還屬國王所有嗎？

鐵牛印禪師唱得好：

不如隨分納些些，喚作平常事已差；

綠草溪邊頭角露，一簑煙雨屬誰家？

（見《續指月錄》卷二）

第七則　鳥不驚飛水不流

石庵正玿禪師開悟後，隱居在一個大湖邊。他曾作了這樣的一首詩偈：

鳥不驚飛水不流，碧潭空闊冷涵秋；
一絲頭上無香餌，風輥蘆花落釣舟！
（見《續指月錄》卷二）

以平常心，過平常生活，這正是「平常心是道」的真諦。在秋日寧靜、空闊的湖上垂釣，卻只有垂絲，而無釣鉤。

看哪！秋風正吹亂著碧潭邊的蘆葦花呢！在這野居的生活，沒有丁點讓人煩心的閒事掛在心頭，甚至連飛鳥和流水，也都感染了這種平常心，既不驚飛，也不湍流了！

第八則　春風吹落碧桃花

南泉普願禪師，曾向徒眾們說：「昨天晚上，文殊和普賢兩位大菩薩，突然心生佛見、法見。因此被我各打三十棒，貶到了二鐵圍山去！」

隨侍在一旁的趙州從諗禪師說：「請問大和尚！誰來打您三十棒呢？」南泉反問一句：「你說看看，王老師錯在哪裡？為什麼你要打他三十棒？」趙州聽了，向南泉禮拜，然後一語不發地走出了禪堂。

鐵圍山，宇宙極荒涼、黑暗的邊陲地帶。按照佛典的描述，宇宙的中心是一座高聳的大山，名叫須彌山。須彌山由九山、九海包圍。須彌山下有四大洲，居住著四種不同種族的人類；我們所熟知的人類，則是居住在南邊的一個大洲，名叫贍部洲（或譯閻浮提）。九山、九海的最外圍，則有大鐵圍山和小鐵圍山環繞著。大、小鐵圍山之間，則是陰陽不到之地，稱為黑山鬼窟。

心內生起佛見和法見的文殊、普賢二菩薩，被南泉普願禪師貶去的地方，就是二鐵圍山之間的黑山鬼窟！

見，帶有煩惱的分別心所形成的錯誤見解，那是根深蒂固的「意識形態」。見，有許多種，對於佛陀本身，以及佛陀所宣說之佛法的執著，叫做「佛見」和「法見」。《金剛經》裡，釋迦佛說：「若以色見我，以音聲求我，是人行邪道，不能見如來！」這是告誡我們，不要執著佛色、佛聲等佛身的美妙、殊勝；也就是說，心中不可以生起佛見。

《金剛經》又說：「說法者，無法可說；是名說法！」這是告誡我們，不要執著佛陀所宣說的道理；也就是說，不要在內心當中，生起法見。

佛門中，文殊和普賢是釋迦佛兩邊的脇侍大菩薩，可以說是輔佐釋迦佛普渡眾生的左右手！

騎獅子的文殊菩薩，位在釋迦佛的左邊，騎白象的普賢菩薩，則位在釋迦佛的右邊。文殊代表般若智慧，而普賢則象徵禪定（三昧）。唐朝華嚴宗大師——法藏，在他所著的《華嚴經探玄記》一書第十八卷當中，就曾說：「普賢三昧自在，文殊般若自在。」

文殊和普賢是兩位已經斷盡煩惱的大菩薩，內心中自然不會生起佛見、法見。但是，假設這兩位大菩薩也和我們凡夫一樣，生起佛見和法見，自然也要吃上三十大棒，趕到二鐵圍山之間的黑山鬼窟去了！

南泉禪師俗姓王，自稱王老師。

趙州也是個有名的禪師；他教人喫茶的公案，更是有名：

趙州問一個新來參禪的禪僧：「來過這裡嗎？」禪僧答：「來過。」趙州說：「喫茶去！」又問另一個禪僧：「來過這裡嗎？」禪僧答：「不曾來過。」趙州說：「喫茶去！」

掌管後院的院主，按捺不下心中疑惑，來到趙州面前請教：「為什麼不曾來過的，您叫他喫茶去；曾經來過的，您也叫他喫茶去呢？」趙州叫了一聲：「院主！」院主應了一聲：「在這裡！」趙州說：「你也喫茶去！」（見《指月錄》卷一一）

南泉各打了文殊、普賢三十棒，試問：誰來棒打南泉王老師？他到底錯在什麼地方也要挨打？他錯在空掉了佛見、法見之後，孤伶伶，還有個「空」在！一切皆空；既然這樣，如果「空」本身不是空，那還是「有」的某一種形式！

南泉是開悟的大禪師，自然不會犯這種錯誤。趙州是南泉的弟子，自然知道師父不會犯錯。他們二人你來我往，為的只是進一步肯定：佛見、法見必須空掉，連空掉佛見、法見的「空」，也必須空掉！

南泉和趙州所談，都是《金剛經》裡的般若空；靈隱希夷禪師卻從四卷本《楞伽經》裡佛性如來藏心的觀點，來詮釋這則公案。他說：

春風吹落碧桃花，一片流經十萬家；
誰在畫樓沽酒處？相邀來喫趙州茶！
（見《續指月錄》卷二）

六祖惠能後，《金剛經》裡的「般若空」，以及四卷本《楞伽經》裡的佛性如來藏心，這兩種思想已經合流。佛性如來藏心幻生山河大地，因此，山河大地空幻不實。所謂萬法皆空，就是萬法皆由佛性如來藏心所幻生；反之，所謂萬法皆由佛性如來藏心所幻生，就是萬法皆空。般若空，完全等於佛性如來藏心。

南泉和趙州，所談是般若空；靈隱詩，卻在詮釋佛性如來藏心。其實，靈隱所詮釋的，正是和般若空合流之後的佛性如來藏心呀！

佛性如來藏心，幻生山河大地；被春風吹落的碧桃花，又何嘗不是佛性如來藏心所幻生！

你看！雖然只是小小的一片碧桃花，卻隨著河水，流經十萬家。這就像只是小小一顆，無形無相的佛性如來藏心，卻幻生廣大的山河大地一樣！

山河大地都是「道」，揚眉瞬目也都是「道」；而趙州的教人喫茶，又何嘗不是「道」！這是因為，山河大地、揚眉瞬目，以及喫趙州茶，全都是至善至美的佛性如來藏心的顯現呀！

第九則　春風一陣來何處？

無禪立才禪師，曾為趙州「喫茶去」的這則公案（見前則），又白又唱地說了下面的幾句話：

趙州逢人喫茶，誰知事急出家！
翻手作雲作雨，順風撒土撒沙！
引得洞山無意智，

問佛也道三斤麻！

有僧問洞山守初禪師：「什麼是佛？」洞山答：「麻三斤！」（見《指月錄》卷二一）

什麼是佛？佛無形無相，不可以音聲求，不可以形色求。佛在流逝的一片桃花上，在清晨的一滴露水裡；佛無所不在，卻又無所在。

佛在鎮州大蘿蔔上，在廬陵米價上，在喫粥、喫茶上，在麻三斤上！

趙州深得這個道理，翻雲覆雨一番，逢人便說「喫茶去」。惹得洞山也不甘寂寞，說起「麻三斤」來！

有一天，洞山研讀記錄此庵守淨禪師言行的《此庵語錄》，若有所省，因而寫了下面這首偈頌：

南海波斯持密呪，千言萬語少人知；

春風一陣來何處？吹落桃華三四枝！

（見《續指月錄》卷二）

南海波斯，指的是菩提達磨祖師。達磨祖師，南天竺國香至王的第三太子。有一天，達磨放棄王位，離開了祖國，獨自泛舟在大海重溟當中，經過了三個寒暑，登陸在廣東南海。那時，正好是南北朝梁武帝普通七年（西元五二六年）。

南海波斯——菩提達磨所傳授的正法眼藏，就像密呪一般，很少有人理解。同樣地，「什麼是佛？」「麻三斤！」儘管千言萬語，卻也和達磨密呪一般，很少有人理解！什麼是佛？啊！豈止麻三斤是佛，一陣春風吹落三四枝桃花，不也是佛嗎？

第十則　玻璃盞子喫茶時

無著和尚從南方，來到五臺山，拜老翁禪師為師。二人正在喫茶的時候，老翁拈起玻璃盞子，問無著：「南方還有這個麼？」無著答：「沒有！」老翁又問：「平時用什麼東西喫茶？」無著茫茫然，不知如何回答。

玻璃盞子，佛性如來藏心的象徵。喫茶，則是最高禪修法門，所謂「平常心是道」。平常心，並不侷限在喫茶；但這回，卻和喫茶有關。

以平常心修道的喫茶工夫，必須以佛性如來藏心為依持。如果喫茶時，不能和佛性如來藏心相契，那麼，喫百次、千次、千千萬萬次的好茶，還是不能明心見性！

老翁追問：「既然不用玻璃盞子喫茶，那麼，平常用什麼東西喫茶？」這正是要提醒我們：修習像喫茶這類最上乘的「平常心是道」，必須和佛性如來藏心相契合！

象潭泳禪師讀到了這則公案，於是吟了下面這首詩頌：

五臺凝望思遲遲，白日青天被鬼迷；
最苦一般難理會，玻璃盞子喫茶時！
（見《續指月錄》卷五）

這四句偈，是在說明無著向老翁所提出來的問題，以及無著最後的茫茫然，不知如何對答。

無著像是白日見鬼一樣，來到了五臺山，問了老翁禪師問題。老翁雖然把答案告訴他了，但是，無著卻仍然不知道答案是什麼！

唉！太難理解了！在這利用玻璃盞子喫茶的時候！

第十一則　識得凳子

崇壽禪師，曾向徒眾們說：「如果你認識凳子，那麼，就周匝有餘了！」另一方面，雲門禪師則說：「如果你認識凳子，那麼，就天地懸殊了！」

凳子，是極為平常的日用傢俱，卻含藏著無限深奧美善的佛性如來藏心。啊！你認識凳子嗎？如果你真實地認識凳子，那就見性成佛了！

不管是崇壽的「周匝有餘」也好，或是雲門的「天地懸殊」也好，都只是見性成佛之後，解脫自在、大顯神通的意思罷了！

龍鳴禪師，讀到這兩位禪師的凳子公案之後，則說：「崇壽老漢坐殺天下人，雲門大師走殺天下人！了不起呀！了不起！龍鳴卻和他們不一樣……」說著說著，龍鳴禪師唱了起來：

識得凳子，四腳著地；

要坐便坐，要起便起！

（見《續指月錄》卷二）

凳子四腳著地，誰不知道！四腳著地的一張凳子，你想坐下便坐下，坐久了，想起來就起來。唉！崇壽和雲門，真是胡亂吹牛！像這樣平常的道理當中，哪裡會有什麼「周匝有餘」或「天地懸殊」這類稀奇古怪的神通顯現呢！

《般若經》講究「空」，也講究「如」。「如」，有時譯為「如如」或「真如」。什麼是「如」？事物的真實樣子，就叫做「如」。

《金剛經》說：「如來者，即諸法如義。」《大品般若經》卷五也說：「諸佛知世間如，如實得是如故，名為如來。」

這樣看來，知道「如」的人，就是如來；也就是說，知道世間事物的真實樣子的人，就是如來。「知世間如」，成了見性成佛的關鍵所在。

怎樣才能「知世間如」？怎樣才能知道世間的真實樣子呢？那就是：以世間事物的本來面目，來認識它們！

如果是凳子，就把它看作是凳子吧！如果是椅子，就把它看作是椅子吧！如果是山，就看作是山；如果是水，就看作是水！絕不在凳子、椅子或山山水水上面，加上自己主觀的好惡。

失意的人見了花鳥，大嘆：「感時花濺淚，恨別鳥驚心！」心情高昂的人，見了山水，則高歌：「我本楚狂人，鳳歌笑孔丘！」這些是文人的主觀情意，有其感人之處；卻不是禪師的智慧，無法讓人解脫成佛。

他們歪曲了事物的本來面目；讓不會濺淚的花朵濺了淚，讓不會驚心的飛鳥驚了心，讓不會鳳歌笑孔丘的山山水水，卻鳳歌笑孔丘！他們不知「世間如」；相反地，在世間的事物上，加上自己或悲或喜的主觀煩惱。

啊！什麼是「知世間如」呢？知道凳子恰好有四隻腳，想坐就坐上去，想起來就站起來！

第十二則　昨日栽茄子‧今日種冬瓜

僧問睦州禪師：「以一重，去一重，那就不問了！不以一重，去一重的時候，如何？」睦州答：「昨日栽茄子，今日種冬瓜！」

煩惱無盡，一重重。以一重，去一重；去了一重煩惱，又增添另一重煩惱。那是去了手銬，卻又加了腳鐐，白忙一場！

不以一重，去一重呢？那是平常心便是道！昨天栽栽茄子，今天種種冬瓜；明天呢？明天也許插插秧、播播油麻菜籽，或割割雜草吧！

笑庵了悟禪師，在禪堂上，向徒眾們解說這則公案時，唱了下面的四句詩：

昨日栽茄子，今日種冬瓜；
一聲〈河滿子〉，和月落誰家？
（見《續指月錄》卷三）

〈河滿子〉，又作〈何滿子〉，唐朝何滿臨刑前所作的哀歌。（見白居易，《長慶集（卷六八）．何滿子》）

啊！在這寂靜的夜裡，以平常心，一邊聆聽這首哀歌，一邊欣賞天上明月。啊！明月！漸漸落入遠處人家的院子裡了，這時，不正是修道的好時光嗎？

第十三則 飯是米做

藏叟善珍禪師，曾在自己的畫像上，題了下面這幾句話：

參禪無悟，識字有數。
眼三角，似燕山愁胡；
面百摺，如趙婆呷酢。
一著高出諸方，
敢道飯是米做！
（見《續指月錄》卷三）

前幾句，藏叟頌自己的醜陋無能。
燕山，河北山名；愁胡，發愁的胡人；趙婆，任一個姓趙的老婆婆；管她到底是誰！趙婆已經又老又醜，外加呷酢，更是醜上加醜！

後兩句，才是全詩重點，讚頌的是藏叟他自己。他自以為有高人一等的地方，那就是：他敢大聲說：「飯是米做的！」

啊！飯是米做的，何等平常的道理！但是，如果不能體悟米飯中有佛性如來藏心，那也是白吃米飯長大！

第十四則　米裡有蟲

石霜禪師在溈山禪師所住持的禪寺裡，擔任掌管米糧的工作。

一天，當石霜正在篩米的時候，溈山說：「施主所捐贈的米糧，千萬不要拋撒掉喔！」石霜說：「我沒有拋撒掉呀！」

於是，溈山在地上到處尋找，發現了一小粒米，向石霜說：「你不是說，沒有拋撒掉嗎？這是什麼！」石霜啞口無言。

不久，溈山又向石霜說：「千萬不要看輕這一小粒米喔！百千粒米，都是這一粒米所生喔！」

才被責備一番的石霜，終於逮住了反將一軍的機會！他反問溈山：「百千粒米，都是這一粒米所生；不知道這一粒米，是什麼東西所生？」

溈山聽了，哈哈大笑，一句話也不說，回到了方丈室。

到了晚上，當寺僧都集合在禪堂上，準備參禪打坐時，溈山對著大眾說：「大家千萬小心！米裡有蟲呀！」（見《指月錄》卷一五）

一粒米生百千粒米；你說，這是什麼樣的一粒米？

是生起山河大地、百千事物的佛性如來藏心之米呀！

山河大地、百千事物，都由這粒佛性如來藏心之米所生。請問：這粒米，從什麼東西生？從某甲生；請問：某甲又是從誰生？某甲從某乙生；請問：某乙又是從誰生？某乙從某丙生；請問：某丙又是從誰生？

這樣追問下去，永無了時！可見，追問「這粒米從何生？」是沒有意義、不會有答案的問題。難怪溈山要哈哈大笑，回方丈室了！

石霜禪師可以從米粒的譬喻，體悟佛性如來藏心，進而反問問題。這樣的石霜，當然不是普通禪師！

啊！溈山讚美他是一條能夠消化米粒的米蟲，一點都不為過呀！

育王物初大觀禪師，曾在禪堂上，向弟子們唱了一首有關米蟲的詩頌：

一冬二冬，你儂我儂；
暗中偷笑，當面脫空。
雖是尋常茶飯，誰知米裡有蟲！
夜來好風，吹折門前一株松！
（見《續指月錄》卷三）

前四句描寫夫妻夜生活，淺顯易懂。

三、四兩句，提到了溈山和石霜的米蟲公案。這兩句，其實是在讚嘆：像夫妻夜生活這樣平常的事物，卻存在著像「米裡有蟲」這種美妙、殊勝的道理。

而最後兩句，一者又回到平常的夫妻夜生活來，二者更進而讚嘆平平常常的一陣夜風，卻不平常地吹折了門前的一株巨松！

啊！被風吹折的巨松呀！平常事物當中，就存在著不平常的「道」；可不是嗎！

第十五則 青山面目依然在

僧問白雲禪師：「舊的一年已經過去，新的一年又已到來；請問：什麼是不遷的道理？」白雲答：「眉毛長在眼睛上面！」

眉毛長在眼睛上面；這麼平常的道理，就是「不遷」的道理！不遷，永恒而無變化的意思；在這裡指的是，不生不滅的佛性如來藏心。啊！佛性如來藏心的「不遷」之理，就在平常的眉毛之上呀！不遷的佛性如來藏心，豈止在平常的眉毛之上！它還在不被狂風巨浪吹走的漁船上呢！它還在不隨四季變化的青山上呢！

蔣山月庭忠禪師，就曾為這則公案，吟了下面這首詩頌：

罷釣歸來不繫船，江村月落正堪眠；
縱饒一夜風吹去，只在蘆花淺水邊。
落葉已隨流水去，春風未放百花開；
青山面目依然在，盡日橫陳對落暉。

（見《續指月錄》卷六）

月亮已經西沉，乘船釣魚歸來，也不曾把漁船綁在岸邊，就睡覺去了。一夜之間，哪怕是夜風再猛再大，把漁船吹了去，最遠最遠，也不過把它吹到開滿蘆花的淺水邊罷了！

啊！這是漁船「不遷」的景象，也是萬事萬物「不遷」的道理！

寒冬已盡，落葉已經隨著河水流去了；儘管春風還未吹來，百花卻忍不住，綻放開來！

你看！那不隨四季變化的青山，不是褪去白雪了嗎？它依然屹立不搖地橫陳在落陽餘暉裡！

啊！這是青山的「不遷」景象，同樣也是山河大地的「不遷」之理呀！

第十六則　幽鳥一聲何處來？

大巍淨倫禪師，向徒眾們說：「老僧這裡，既不說東村的李大郎太過節儉，也不說西社的王二姊太過奢侈；既不會安角呼兔，也不會畫蛇添足。老僧這裡，早起吃一碗白粥，午後喝一杯清茶。啊！那棵陳年爛葛藤，冷天裡竟然開起花來；誰去管它呢！」

說完了，把兩手攤開來，接著又說：「你們大家，還來我這裡討什麼乾木渣呢？」

淨倫禪師自我剖析說：我這裡什麼都沒有，只有極為平常的白粥和清茶！既然這樣，何必要向他乞討什麼乾木渣呢！

乾木渣，沒有用的東西。說東村李大郎太儉，說西社王二姊太奢，乃至安角呼兔、畫蛇添足，在淨倫禪師眼裡，都是沒有用的乾木渣！

乾木渣，是一種談玄說妙，好高鶩遠，逞口舌之能，迷失在語言遊戲之中，卻無法讓人見性成佛的偽禪。

淨倫說：在我這裡，沒有這種虛玄的偽禪。有的只是平常事物，例如，早起吃白粥，午後喝清茶！

淨倫還作了一首〈山居吟〉，表達他這種「平常心是道」的真禪：

無事山房門不開，土堦春雨綠生苔；
此心將謂無人委，幽鳥一聲何處來？
（見《續指月錄》卷一二）

前兩句頌他的「平常心是道」。第三句懷疑這種禪法，是否能找到知音。最後一句，則肯定欣賞真禪的知音，確實存在。

那欣賞真禪的知音在哪裡？你聽！那隻幽鳥，正啁啁唱著山歌呢！

第十七則　著衣・喫飯・屙屎・放尿

僧問笑巖德寶禪師：「據說諸佛出世，只為一大事因緣。請問和尚：什麼是大事因緣？」笑巖答：「著衣、喫飯、屙屎、放尿！」這僧不能體會，也不禮拜，就離開了。

笑巖把這僧叫回頭，然後唱了下面這兩首詩偈：

諸佛出於世，唯為大因緣；
屙屎並放尿，飢餐困打眠。
目前緊急事，人只欲上天；
談玄共說妙，遭罪復輸錢！

（見《續指月錄》卷一六）

談玄說妙，你上得了天嗎？啊！啊！啊！你輸錢了嗎？

第十八則　一頓胡餅兩頓粥

僧問密雲圜悟禪師：「三寶是什麼？」密雲答：「一頓胡餅，兩頓粥！」僧說：「我不是問您這三飽！」密雲答：「老僧天天奉持著！」

佛、法、僧三寶，佛門中最極尊貴、玄妙的三種珍寶。佛門弟子必須天天奉持這三寶，才能入道解脫。這僧問的是佛、法、僧這三寶，而不是早上一頓胡餅，中午和晚上各一頓粥。

然而，密雲禪師卻另有高見；他說：早上一頓胡餅，中午和晚上各一頓白粥，這就是三寶！在他看來，三飽就是三寶；他天天奉持這三寶。

既然山河大地、花草樹木，都是佛性如來藏心的顯露，那麼佛、法、僧這三寶是佛性如來藏心的顯露，一頓胡餅、兩頓粥這三飽，同樣也是佛性如來藏心的顯露。

「道」在哪裡？密雲說：平常心就是「道」！

法音漸禪師，最能理解密雲禪師的深意了；他說：

一頓胡餅兩頓粥，衲僧千足與萬足；
慇懃說向參玄者，六六原來三十六！
（見《續指月錄》卷一八）

六乘六，結果是三十六，這是再平常不過的道理！啊！你們這些喜好談玄說妙的參玄者呀！如果還是不懂這麼平常的道理，那我再進一步告訴你：一加一，等於二！

第十九則　雲居無事禪

一天，雲居曉舜禪師來到湖北武昌，拜訪一位劉姓居士，劉居士說：「老漢有一個問題想請教你。如果你的答案和我的想法相契，我就請你開示開示；如果不相契，那就請你回去！」

說完，也不等雲居同不同意，劉居士劈頭便問：「古鏡未磨時，怎麼樣？」雲居答：「像漆一樣黑。」又問：「磨了之後，怎麼樣？」雲居答：「照天照地。」

劉居士顯然不滿意雲居的回答；他長揖一下，然後說：「請上人回去吧！」

雲居既慚愧又鬱悶地回到寺裡，他的師父洞山良价禪師見他臉色不對，於是追問原因，雲居一五一十向洞山報告。

洞山了解原委之後，說：「你把劉居士的問題，再拿來問我一次，我來回答！」於是，雲居問：「古鏡未磨時，怎麼樣？」洞山答：「武昌離漢陽，已經不遠了！」雲居又問：「磨了之後，怎麼樣？」洞山答：「黃鶴樓前鸚鵡洲！」雲居聽了大徹大悟。（見《指月錄》卷二四）

古鏡，佛性如來藏心的象徵。古鏡未磨，意味著尚未明心見性的凡夫。凡夫雖然尚未明心見性，但本具的佛性如來藏心，一點都不欠缺。所以，洞山說：「此去漢陽不遠！」

此，指武昌。武昌和漢陽，都是長江岸邊的城鎮，兩地只有一江之隔。因此，洞山說：武昌離漢陽不遠！

其實，武昌象徵古鏡未磨時的凡夫，漢陽象徵古鏡已磨後的解脫者。前者本具佛性如來藏心，卻未開發；後者則已開發佛性如來藏心。二者好像有什麼不同，其實並沒有本質上的差別。這就像武昌和漢陽，只有一江之隔一樣。

古鏡磨後如何？問的是佛性如來藏心開發之後的境界。

佛性如來藏心開發之後，就到漢陽了！到了漢陽解脫城，城裡（其實是武昌）有座黃鶴樓；黃鶴樓前，長江上，白浪滔滔當中，還有一個名叫鸚鵡的沙洲呢！啊！你看到了嗎？你看到了嗎？

「黃鶴樓前鸚鵡洲」，應該是借用唐朝詩人崔顥名作——〈黃鶴樓〉當中的詩句；全詩是：

昔人已乘黃鶴去，此地空餘黃鶴樓；
黃鶴一去不復返，白雲千載空悠悠。
晴川歷歷漢陽樹，芳草萋萋鸚鵡洲；
日暮鄉關何處是？煙波江上使人愁！

啊！晴日裡，長江岸邊的樹木，歷歷分明；鸚鵡洲上的芳草，長得茂盛極了。你看見了嗎！你看見了嗎？

雲居禪師顯然已經到了漢陽解脫城，並且看見了黃鶴樓和鸚鵡洲；要不然，他怎麼可能大徹大悟呢！

大徹大悟後，雲居開始傳法。有一次，他在禪堂上，向弟子們說：「諸方有弄蛇頭、撥虎尾、跳大海、劍刃裡藏身。雲居這裡，寒天熱水洗腳，夜間脫韈打睡，早朝旋打行纏；風吹籬倒，喚人夫劈篾縛起！」

顯然，雲居所傳的，乃是「平常心是道」的禪法。也許這就是後人所謂的「無事禪」吧！

雲居禪師，聽到翠巖禪師批評他的無事禪，因而寫了這樣的一首詩偈，作為回應：

雲居不會禪，洗腳上床眠；
冬瓜直儱侗，瓠子曲彎彎！

石霜永和尚，也為雲居的無事禪，作了一首詩偈：

石霜不會禪，洗腳上床眠；
枕子撲落地，打破常住磚！
（見《指月錄》卷二四）

另外，住在南嶽綠蘿山的茨通際禪師（東明禪師），也針對翠巖的那首詩偈，寫了下面的一首：

東明不會禪，窮山住有年；
朝來炊白粥，柴生滿竈煙！
（見《續指月錄》卷一九）

直儱侗的冬瓜、曲彎彎的瓠子、打破常住磚的枕子，還有窮山裡滿竈的炊煙；這些「無事禪」，你學會了嗎？

第二十則　衲僧鼻孔

僧問趙州從諗禪師：「弟子剛入叢林學禪，請師父指點指點！」趙州說：「你喫粥了沒有？」僧答：「喫了！」趙州說：「那就洗鉢去！」僧大悟。

這則禪門中有名的公案，所闡述的是「平常心是道」的禪法。

湛堂準禪師，曾作有這樣的一首詩偈，讚嘆這則公案：

之乎者也，衲僧鼻孔，大頭向下。
禪人若也不會，問取東村王大姐！

這是最可愛、可貴的禪詩之一，把禪的無拘無束、自由自在，脫羅籠、出窠臼的精神，發揮到淋漓盡致！

在古書中，凡是有「之」呀、「乎」呀、「者」呀、「也」呀的作品，大都是深奧難懂。而在禪法中，般若空呀、佛性如來藏心呀，一樣深奧難懂！

然而，表面上看來深奧難懂的禪法，其實就像出家人（衲僧）大頭向下的鼻孔一樣，乃是極為平常的道理。

啊！已出家的衲僧的鼻孔，大頭向下；未出家的你我，鼻孔不也是大頭向下嗎？如果連這麼平常的道理，都還不懂，那就去問東村的王大姐，或去問西社的李大娘好了！

東村王大姐，指的是識字不多、未見世面的平常人家。平常人家都懂得「衲僧鼻孔，大頭向下」的道理，學禪的人還能不懂嗎？

護國圓禪師，也接在湛堂準之後，寫了這樣的一首詩偈：

推窮物理成家計，會合時機便識心；
多謝春風無厚薄，貧家桃李也成陰！
（見《禪林類聚》卷一八）

的確，學禪的人如果「推窮物理」，老是在文字堆裡，或在思辨當中打滾、計較，那就永遠不可能見性成佛。相反地，在時間之流當中，把握禪機，必能認識自己本有的佛性如來藏心。

啊！春天溫暖的和風，是公平的；它吹紅了大富人家大宅院裡珍貴的牡丹花，但也吹開了窮苦人家茅草屋邊的桃花和李花！

人人皆有佛性如來藏心，人人本來是佛，哪有貧富之分？哪有王大姐和陳宰相的差別！

第二十一則　竹床高臥待雲來

有個居士，問正在閉關的五峰禪師：「您在關房當中做什麼？」五峰答：「竹床高臥待雲來！」居士聽了，說：「豈不是太無聊了！」五峰說：「五枚白鳥五更鳴！」

禪師把自己關在小房間裡修道，這叫「閉關」。閉關的目的，無非是要參禪打坐，好讓自己的道業更加精進、高深。

然而，當居士問五峰，「在關房中做什麼事情」時，五峰卻答：「竹床高臥待雲來！」

竹床高臥待雲來！啊！在這無所事事的平常生活當中，就是最精進、最高深的禪修呀！

居士不滿意五峰的答案，抱怨說：這樣就太無聊了！五峰顯然有不同的見解，他說：哪會無聊呢！你聽！五更時分，天還沒大亮呢！就有五隻白色的鳥兒，來到關房前面，吱吱地啼叫呢！

法林音禪師，曾為這則公案，寫了這樣一首有趣的詩歌：

霜花飄處夜初寒，挑盡殘缸興未闌；
三箇兒童相對坐，閒來無事弄雙丸！
（見《宗鑑法林》卷三七）

啊！五峰禪師的「平常心是道」，也許就像初寒的秋夜裡，挑著即將油盡熄滅的燈心（殘缸），閒來無事地看著兩個小男孩，正在玩弄開襠褲下的雙丸吧！

佛教思想發展史論（二版）

楊惠南 著

佛教，從印度到中國，不管在教團、戒律、教義等各方面，都有不同的內容發展。作者以佛教概論和佛教史的雙重角度，分析、考查中、印佛教在思想上的發展。概論式的面向，著重在佛教哲學問題的橫面意義，討論了佛教哲學中的各種重大問題。而佛教史的面向，則側重於這些哲學問題在歷史上的縱向發展。二者混用的寫作方式，具有截長補短的功效。本書即是以這雙重面向，討論了中、印佛教各宗各派的哲學內涵，因此它既是佛學概論，也是佛教史。

禪史與禪思（二版）

楊惠南 著

本書乃作者多年來的上課講義及學術會議論文所重編而成。全書可以視為禪宗史的介紹，也可以看成禪宗思想的專論。內容涵蓋了中國禪宗史上幾個大階段的歷史及其思想上的特色；對於中國禪宗各宗各派的思想，有簡要的介紹和分析。其中，對於六祖惠能的禪法，是否像傳說中那樣，直承四祖、五祖以來的禪宗傳統，作者有著不同於一般禪宗史書的看法。對於《六祖壇經》中的「自性」這一概念，作者也作了深入的解析。

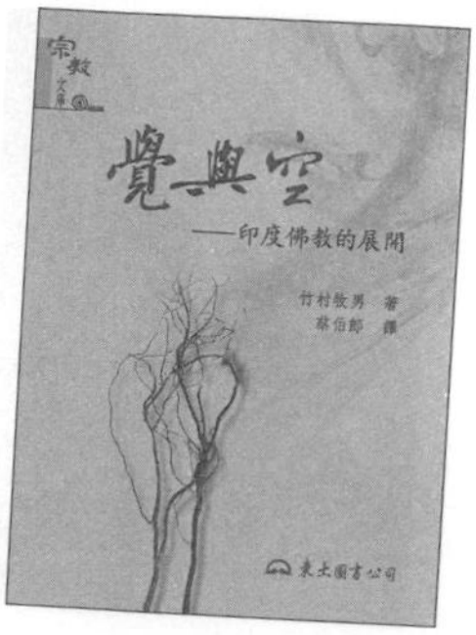

覺與空——印度佛教的展開（二版）

竹村牧男 著／蔡伯郎 譯

「覺」與「空」，無疑是一切學佛的實踐者與研究者最關注的兩個課題。然而這兩個課題的內容，並不容易說得清楚。此書正是以這兩個課題為主軸，探討釋尊以來佛教的發展與流轉。從中心思想而言，本書有其一貫、鮮明的主旨；從結構與內容上來說，則可視為是一部生動、簡明的佛教史。